VAMOS DEVOLVER O PODER AO POVO

José Ernesto Marino Neto

VAMOS DEVOLVER O PODER AO POVO

São Paulo, 2021

Grafia atualizada segundo o *Acordo Ortográfico da Língua Portuguesa.*
Capa: Pedro Cappeletti
Revisão: Gilda Pasqua Barros de Almeida
Preparação: HelO Bello Barros

Referência ABNT 6023:

MARINO NETO, José Ernesto. **Vamos devolver o poder ao povo**: ideias para o Brasil. São Paulo(SP): José Ernesto Marino Neto, 2021.

Dados Internacionais de Catalogação na Publicação (CIP)
Bibliotecária Juliana Farias Motta CRB7/5880

M339v Marino Neto, José Ernesto

Vamos devolver o poder ao povo: ideias para o Brasil /José Ernesto Marino Neto. – - 1.ed. São Paulo(SP): José Ernesto Marino Neto, 2021.

216 p.; 15x23cm

ISBN: 978-65-5899-261-5

1. Brasil - Política e governo. I. Título: ideias para o Brasil

CDD 320.981

Índice para catálogo sistemático:
1. Brasil - Política e governo

SUMÁRIO

Prefácios
O caminho da liberdade 21
Orgulho de ser paulista 25
O estado é perdulário 27
Igualdade 29
Educação 31
Fundo Partidário 33
Benefícios trabalhistas 36
O espírito inconfidente não morreu 38
A aliança que sufoca o Brasil 40
Pragmatismo 42
Falência do Estado brasileiro 44
A falácia da infra-estrutura no Brasil 48
Estado mínimo, não 50
Tolerância 53
Demagogia 56
Privilégios: cotas raciais 59
Os banqueiros e o poder 61
O Brasil e suas castas 64

Tributação 66
Sistema penitenciário brasileiro 69
Terrorismo no Brasil 72
Estado de direito 74
Planejamento urbano no Brasil 76
Justiça Independente 79
Funcionalismo público deve servir ao povo 82
Direito à manifestação pública 85
Premiando a honestidade 88
A força da democracia brasileira 91
O extremo centro 94
O império da lei 97
Hipocrisia olímpica 100
O país dos dromedários 103
Sindicato: para quem? 106
Socialismo selvagem 108
Carta rasgada 110
Respeito à ética no Brasil 112
Brasil, país ilhado 115
O poder no Brasil 118
Desvendando Cuba 121
Trapalhadas ou desprezo 126
O exemplo 129

Eu mudo de calçada 131
República das vaidades ou da virtude? 133
Desigualdade ou pobreza 137
Para que serve o Estado 141
Os culpados pelo juros altos 144
Turismo, esse desconhecido 149
Liberdade Econômica 154
A culpa é do Cabral? 158
Brasil, país de covardes 162
Brasil, país desigual 166
Lições da pandemia 170
A social democracia 174
O Futuro do capitalismo liberal 179
Agenda ética 187
O Brasil que queremos 191
As linhas mestras de uma nova constituição e suas leis complementares 193
Vamos devolver o poder ao povo 211

INTRODUÇÃO E AGRADECIMENTOS

A humanidade, ao longo dos séculos, tem se dividido entre os que querem impor seus comportamentos aos outros e aos que defendem o direito de cada um ser como deseja ser.

Os conquistadores como Julio Cesar, Napoleão e Stalin, apenas para citar alguns, estão no grupo dos que impunham suas formas de pensar e de agir.

Os espíritos mais evoluídos que passaram pelo nosso planeta como Jesus, Buda e Madre Tereza, defendiam o livre arbítrio e evocavam os homens a serem fraternais entre si.

O grande lema da Revolução Francesa, Liberdade, Igualdade e Fraternidade, e que influenciou o pensamento de toda civilização ocidental, colocava a Liberdade no princípio, pois a fraternidade deve ser uma opção individual, fruto do livre arbítrio.

Somo iguais na natureza, mas diferentes como indivíduos. Por isso a igualdade de direitos é defendida neste livro, mas tendo a Liberdade como virtude principal de qualquer sociedade.

Ainda que muitos defendam a virtude da Liberdade, nossa sociedade continua a pecar por ter grupos tentando impor suas formas de pensar aos outros. Isso é tirania.

A defesa da Liberdade não é apenas um ato de amor fraterno, mas um agradecimento à dádiva divina que é o livre arbítrio.

Esse é o grande motivador dos textos que se seguem nesse livro.

Por isso agradeço ao Senhor dos Mundos, a Deus, por ter nos oferecido a dádiva do livre arbítrio. Por isso faço desse livro uma ode à Liberdade.

Agradeço também ao Prof. Modesto Carvalhosa, ao Prof. José Pio Martins e à espiritualista Marilusa Moreira Vasconcelos, que, cada um a seu modo, motivaram-me na produção deste livro.

E em especial agradeço à minha esposa Patricia, a meus filhos Filipe e Thiago e ao meu neto Pedro Henrique que, com suas presenças em minha vida, fazem a chama divina, que há dentro de mim, ficar acesa permanentemente.

Saúde, Força e União.

PREFÁCIOS:

MODESTO CARVALHOSA

As reflexões de Jose Ernesto Marino Neto sobre as questões históricas, sociais e políticas de nosso país demonstram, ao mesmo tempo, um inconformismo com a nossa situação deprimente, como cidadãos e como sociedade. Há nesses pensamentos uma linha condutora, em torno da liberdade, como bem maior do ser humano. O mantra da devolução do poder ao povo leva, sobretudo, a uma crítica das estruturas políticas que levam o Estado a um desperdício absoluto de seus recursos no atendimento aos privilégios insaciáveis da casta política e do estamento burocrático.

A exemplar cidadania do Autor reflete a sua formação universitária sólida na velha Escola de Direito do Largo de São Francisco. Dalí partiu o jovem Marino imbuído não apenas do ideal de justiça, mas da procura permanente por sua concreção em nosso país, dominado por uma partidocracia corrupta, ignorante, predatória e extrativista, fundada na reeleição e respaldada pelas benesses instituídas a seu favor pela Constituição de 1988, como o infame Fundo Partidário, a que se acrescentam o Fundo Eleitoral e as emendas parlamentares ao orçamento.

Jose Ernesto se enquadra no conceito arendtiano da vita activa, em que a procura e o êxito da vida empresarial não o afasta, mas, pelo contrário, ainda mais o engaja no discurso e na luta pela liberdade no plano político. O espírito inconfidente não morreu.

Fiquei muito impressionado com o equilíbrio dos pensamentos sobre diversos aspectos abordados sobre nosso descalabro político e social. Em todos eles há uma proposta implícita ou explicita, que nos convida ao engajamento para devolver o poder ao povo. São preciosos os capítulos sobre a tolerância, a educação, o sentido da igualdade, a efetiva independência da Justiça, a liberdade econômica, agenda ética e o império da Lei.

Impressionou-me também a capacidade do Autor de produzir crônicas breves e ao mesmo profundas e incisivas sobre os 55 assuntos tratados em seu livro. Essa capacidade de síntese é uma forma muito inteligente de nos desafiar a pensar e agir.

Por tudo isso recomendo a leitura deste manifesto da cidadania brasileira, que nos convida a uma discussão democrática, tão esquecida e desprezada nos dias atuais.

São Paulo, setembro de 2021.

JOSÉ PIO MARTINS

Sem ideias, o trabalho é um exercício medíocre de administração do cotidiano. Com certa dose de exagero, essa frase exalta aqueles que, apesar de suas tarefas diárias, em geral exaustivas e desgastantes, dedicam parte de seu tempo e de suas faculdades mentais para refletir sobre a vida, o mundo e a sociedade, no intuito de compreender os mistérios da existência humana e os meios de melhorar o mundo em que vivemos.

Ainda que sejam poucos, muito poucos, oferecem uma contribuição inestimável à sociedade aqueles que se dispõem a empregar o esforço solitário de anotar, esquematizar, escrever e publicar suas ideias e suas impressões sobre as opções de organização da sociedade para a vida política, a vida social e o sistema econômico. No mais das vezes, os que fazem isso, como profissão ou não, são pessoas indignadas sobre as razões por que ainda convivemos com altos índices de pobreza, violência e sofrimento.

José Ernesto Marino Neto, nesta coletânea de textos, transita sobre temas de economia, sociologia, política, psicologia e os dramas da vida em comunidade, sobretudo no Brasil. Nessa viagem intelectual, José

Ernesto abarca perguntas, ideias, proposições e muitos questionamentos sobre variados assuntos, todos rigorosamente de interesse comum.

No curso dos parágrafos que compõem esta obra, nota-se certo ar de indignação e perplexidade diante do que os habitantes do país têm feito com o Brasil, mas sobretudo o que tem sido feito pela elite dirigente, pela elite influente e pela elite política.

Na viagem que faz sobre o mundo das ideias, José Ernesto deixa transparecer seu especial apreço por aquilo que é mais caro à existência humana: a liberdade. Não apenas a liberdade como ausência de coerção sobre o indivíduo, mas a liberdade que comete ao ser humano a responsabilidade por seus atos e a obrigação de um esforço pessoal para ser o dono de seu destino e o responsável por prover seus próprios meios de subsistência, sem deixar de cooperar com o conjunto da sociedade.

Uma nação na qual o indivíduo, desde que não prejudicado por deficiências físicas e/ou mentais, se dedique a construir suas competências e habilidades para o trabalho, a vida intelectual e a vida social, acabará inevitavelmente se tornando uma sociedade próspera, sem pobreza, sem miséria e sem violência. Porém, o esforço individual não basta, se a organização do conjunto padecer de falhas insuperáveis.

Toda sociedade de indivíduos corre o risco de construir seus próprios monstros, dos quais o maior deles é o aparato estatal e o sistema político. Um sistema público erigido sob os defeitos das estruturas burocráticas, corruptas e ineficientes – e muitas vezes, um sistema boicotador das liberdades – será inevitavelmente um freio ao progresso e a favor de privilégios de classes.

Os textos de José Ernesto nos fazem refletir sobre esses temas. Não é preciso concordar com todas suas ideias e reflexões para usufruir do benefício derivado de suas provocações intelectuais e propostas reais. Ademais disso, é uma leitura agradável e útil, sobretudo nesta Brasil tão carente de superar suas amarras econômicas e perseguir seu progresso social.

MARILUSA MOREIRA VASCONCELOS

"Onde estiver o teu tesouro, aí estará o teu coração" — Mateus 6;21 e Lucas 12;34

Este, sem dúvida, é um trabalho que envolve uma formação sólida no campo universitário e profissional, uma identidade de propósitos políticos e econômicos, embasado numa visão atual da necessidade do Brasil, no contexto mundial.

Em séculos de descobertas e mudanças, sempre houve criaturas que se destacam, pelo conhecimento do momento vivido, em análises preciosas para a busca de soluções, mudanças indispensáveis.

Estas pessoas se sentem atraídas por outras que também se interessam pelos mesmos ideais, e atraem para si as mesmas também.

Comungam as mesmas impressões e conclusões, estratégias que precisam usar, neste processo, e seu planejamento.

José Ernesto não apenas nos traz as novas reflexões, próprias do seu trato intelectual e empresarial, fruto de suas vastas conquistas, num dos ramos mais importantes na gestão de riquezas, para um país, o turismo, mas perspectiva diferentes e positivas.

Suas avaliações e o bordão escolhido, para encerrar cada capítulo, cada tópico deste livro, mostram a dimensão de seu conhecimento e de suas propostas.

Se você é uma destas pessoas preocupadas em entender os meandros do poder na nacionalidade brasileira, certamente encontrará aqui motivos para empreender as mudanças necessárias à hora presente.

Mergulhe fundo nestas abordagens, que ampliarão os horizontes vastos de um futuro promissor.

Boa leitura.

O CAMINHO DA LIBERDADE

Há momentos em que você tem uma sequência de "flash backs" e se lembra de momentos importantes de sua vida.

Um pensamento que muito me influenciou foi o de um amigo já falecido. O único patrão que tive até hoje. Eu era estagiário. Ele dizia: "A independência custa caro, mas vale muito a pena".

Após sair da faculdade quis ser dono de meu destino e logo fui trabalhar por conta própria. Em pouco tempo já tinha aberto minha empresa de consultoria hoteleira. Isso foi na década de 80. Eu era arrojado. Não queria fazer mais do mesmo. Eu queria criar algo diferente e era preciso porque o mercado era pequeno, os players eram internacionais e grandes e eu era jovem e desconhecido.

Tinha que agregar valor e gerar minha própria demanda. Saí mundo afora tentando vender o Brasil no final da década de 80. Inflação nas alturas, política instável, recém-saído de um governo militar, moeda fraca, economia imprevisível. E eu tinha pouco mais de 20 anos.

Consegui. Logo no primeiro ano de empresa trouxe para o Brasil o Grupo Meliá de Hotéis. Veio o governo Collor.

Dificuldades. Plano Real, suspiro. Depois, a ameaça Lula. Mais dificuldades. Mas todas vencidas com disciplina, honestidade e integridade. Valores recebidos de família e de padres húngaros que me educaram e que despertaram meu interesse pelo voluntarismo, tendo sido presidente do centro estudantil.

Seguiram-se vários outros troféus que trouxe para o Brasil, mesmo enfrentando boicote dos players locais que não queriam competição: SuperClubs (Jamaica), Sonesta (EUA), Howard Johnson (EUA), Tivoli (Portugal), Ramada (EUA), Days Inn (EUA), NH Hoteles (Espanha) e Red Roof (EUA). Até hoje há "oppinion makers" do mercado americano que me chamam de Mr. Brasil. Arrancam-me sorrisos de orgulho.

Várias crises vieram. Aprendi a não temer o futuro, pois acredito em destino e no livre arbítrio. Faça o bem e ele retorna.

Nas minhas andanças internacionais fui convidado a oferecer palestras na NYU. Queriam ouvir minha experiência de vida. Explicar o Brasil. Não sei como falei sobre o inexplicável. Gostaram. Tornei-me membro do advisory board em 1.999. Tutor dos alunos brasileiros de hotelaria e turismo. Gosto de voluntarismo.

Isso me levou de volta à universidade. FGV convidou-me para lecionar no final do século passado. Aceitei. Havia me formado em Direito na USP, mas não exercia. Gostava do ambiente universitário. Fiz política estudantil. Saudades dos amigos.

Não se leciona sem estudar mais. Especializei-me em administração de negócios de turismo pela USP. Não parei. Segui o mestrado em Administração na Florida, EUA. Depois veio o doutorado em administração de negócios, também em Orlando. Meus filhos foram ver o pai receber o título de PhD, mas apenas a mim um professor revelou: "Agora você é um livre pensador."

O que isso significa? Saber que há diversidade no universo. Do que é uno, mas diverso: "uno versus alia". É onde vivemos. Tinha que ajudar a melhorar o mundo. Sabia que a unanimidade é burra, parafraseando Nelson Rodrigues.

Logo em seguida veio sondagem para ser Ministro de Estado. Início de 2014. Não poderia, pois não concordava com a filosofia do governo e minha empresa exigia minha presença. Lembrei-me do Corregedor Geral do Ministério Público Paulista, meu falecido padrasto: "Não há virgens no bordel". Lembrei-me de meu único patrão: "Madeira de Lei não verga". Recusei.

Difundir ideias é uma forma de ajudar os outros. Assim nasceu meu blog. A audiência pouco a pouco aumentou. Interação com os leitores me faz bem. Sinto-me útil. Fui participar de discussões políticas, afinal o Brasil precisa de atenção. O povo largado à própria sorte.

Os políticos cuidando de assaltar os cofres públicos. Grupos de interesses pressionando por mais privilégios em detrimento do povo. Banqueiros sendo cúmplices do sistema. Desorganização generalizada.

Achei que o envolvimento político fazia sentido. Aderi a um grupo já formado. Minhas convicções eram compartilhadas pelo grupo. Conquistei amigos.

Eles contestavam as lideranças. Lembrei-me de meus estudos de "leadership training" na Alemanha: Eu e mais 179 jovens de 90 países. 40 dias na Baviera. O professor alemão disse: "Um líder é sempre escolhido. Alguém pode financiar um movimento, mas a liderança será sempre escolhida pelos liderados."

Afinal, todo rio deságua no mar. Se você constrói um dique e represa-o, ele encontra outro caminho.

O caminho da LIBERDADE.

ORGULHO DE SER PAULISTA

Ser paulista é um estado de espírito. O espírito dos italianos que fizeram o Bixiga, dos japoneses que se estabeleceram na Liberdade, dos árabes que deram vida à região da 25 de Março e dos judeus que moldaram o Bom Retiro.

Ser paulista é trabalhar por uma vida melhor, produzindo e gerando riqueza. Ser paulista é saber que se você for merecedor, você chega lá. O paulista acorda cedo, dá duro e faz a vida acontecer.

Para ser paulista não é necessário nascer em São Paulo. O espírito de liberdade e de empreendedorismo do paulista também está em nordestinos, sulistas, nortistas, em cariocas, goianos, mineiros, capixabas... Muitos deles se mudaram para São Paulo. Mas muitos nunca pisaram em São Paulo, no entanto esse espírito de liberdade paulista pulsa na maioria dos brasileiros.

Esse espírito de liberdade e de empreendedorismo é o espírito do paulista.

É disso que tenho orgulho.

A decepção que a maioria dos paulistas demonstrou com o resultado das eleições acirrou os ânimos de muitos. Teve quem defendesse a separação do Brasil em dois. Uma bobagem. O Brasil é grande enquanto for uno. Ainda não perco a esperança de que o espírito de liberdade, democracia e empreendedorismo se impregne pelo país afora.

O brasileiro é um dos povos mais empreendedores do mundo. Todos querem ter seus próprios negócios.

Quem sabe, o futuro seja mais alentador que o presente... quem sabe?

O ESTADO É PERDULÁRIO

Dizem que a voz do povo é a voz de Deus. Nem sempre. Escolheram a Barrabás, lembram-se? Mas quando se trata de experiência pessoal o povo é sábio.

Diz o dito popular que "o boi engorda com o olho do dono". O peão sabe que se ninguém o vigiar, se não houver controle, ele mesmo se esquece do boi do patrão. Não se trata de má intenção, de vontade de tramar contra o patrão ou de qualquer tipo de vingança. Simplesmente as pessoas decidem fazer o que melhor lhes aprovém e o trabalho, na grande maioria das vezes, não é a escolha, e sim a diversão ou o ócio.

É assim com o dinheiro de cada um.
Se deixarmos recursos e mais recursos para que o Estado faça o que não é de sua alçada, é a certeza de desperdício e perdulariedade. Quem é o dono do Estado? Cadê o olho do dono?

Se a estrada fosse construída com recursos do investidor, o mesmo que vai administrá-la, buscando através do pedágio a remuneração do seu capital e de seu trabalho, seguramente a estrada seria construída com maior rapidez, com melhor qualidade e com menor custo.

Se a escola fosse administrada pelos seus professores, recebendo uma verba por aluno, dependendo a sobrevida deles ao resultado da escola, seguramente os gastos com a escola seriam bem contados e o esforço dos professores seria enorme, tendo a verba recebida por aluno e a variação fosse de acordo com o desempenho de cada aluno, revelando a performance dos professores.

Se o Estado cuidasse diretamente apenas de suas responsabilidades indelegáveis, como a segurança e a Justiça, por exemplo, permitindo aos particulares realizar o que o Estado é incapaz de fazer rápido e bem, seguramente haveria menos perdas, a economia cresceria mais rapidamente e os poucos recursos que temos seriam muito melhor aplicados.

O Brasil recebeu a herança da burocracia portuguesa e o hábito de muitos interessados em ascender social e economicamente serem amigos do rei para espoliar o tesouro. Está na hora disso acabar.

A história mostra que o socialismo é uma falácia e os governos são, na maioria das vezes, irresponsáveis, descomprometidos e incompetentes.

O Brasil deve ser uma nação exemplo tratando a todos iguais, mostrando como os particulares podem assumir várias funções em benefício da sociedade e limitando o Estado à sua função indelegável.

Está na hora de devolver o poder ao povo.

IGUALDADE

Igualdade é uma das palavras mais bonitas de nosso dicionário. Reflete uma origem divina que todos temos e, portanto, faz a todos nós iguais.

Mas o que é ser igual se todos somos, reconhecidamente, diferentes?

Todos temos o direito de escolher nosso futuro. É o livre arbítrio. Por isso podemos tomar rumos distintos, pensando individualmente.Temos o mesmo direito de escolher nossos passos. Portanto somos iguais.

Ser igual é saber que há uma essência comum. Todos nascemos da mesma forma e um dia morreremos. Somos iguais.

A igualdade é uma característica essencial a todo ser humano. Preservar a essência é tarefa humana.
Mas ao longo da história muitos quiseram ser mais que outros: povos dominantes, povos dominados. A imposição da forma de pensamento é um contrassenso à essência da igualdade.

A Revolução Francesa trouxe à tona, da forma mais gritante, a necessidade de reconhecimento do princípio da igualdade. Desde então esse princípio participa de discursos políticos, mas não se lhes torna cúmplice, pois os políticos dele se afastam assim que chegam ao poder.

Desde 1.500, os habitantes das terras, hoje brasileiras, se esmeram na busca de sentarem ao lado do Poder para dele usufruírem. Alguns, como executores de ações governamentais com altas remunerações - "os amigos do rei" - e outros como empregados regulares, recebendo sua paga trabalhando ou não.

Esse desejo desenfreado de usurpar o tesouro, de ser o amigo do rei, de estar dependente do Estado, faz a todos desiguais. É o caminho errado.

Qual o motivo de eliminar o princípio da igualdade e fazer dos membros do setor privado aqueles que geram progresso, empregos e riquezas, cidadãos de segunda classe? Por que suas aposentadorias não podem ser iguais às do setor público?

Não faz sentido um país como o Brasil ter um déficit atuarial de R$ 1 trilhão pagando aos aposentados do setor público aposentadorias plenas, iguais aos salários que recebiam na ativa, e aos membros do setor privado míseros múltiplos do salário-mínimo.

Se o Brasil quer ser um país civilizado é necessário entregar o poder ao povo e tornar todos iguais.

EDUCAÇÃO

Semanas antes da votação do primeiro turno das últimas eleições presidenciais, perguntei a um taxista em quem iria votar. "Voto no Aécio para tirar o PT daí!". Mas como o Aécio estava muito atrás nas pesquisas perguntei se Marina e Dilma fossem ao segundo turno em quem ele votaria. "Aí eu voto na Dilma!". Mas não era o PT alvo de sua indignação? Perguntei. "Dilma não é o PT!".

Na semana seguinte peguei outro táxi e pedi ao taxista que usasse a pista dos ônibus para irmos mais rápido, já que ele poderia usá-la. O motorista mudou para a pista indicada dizendo "Graças a Dilma voltamos a usar essa pista, porque se dependesse do fdp do Prefeito, nós estaríamos fritos!".

Como é possível tamanha boçalidade? Será que o primeiro taxista não sabia que a Dilma era a candidata do PT? Como seria possível votar na Dilma se o objetivo era "tirar o PT daí"? Como o segundo taxista atribui à Presidente da República algo que depende exclusivamente do Prefeito?

Trata-se de ignorância. O mal de todos os males: a ausência de conhecimento. A escuridão. Não há outra forma de disseminar o conhecimento sem Educação. O conhecimento é a luz que a sociedade necessita. A educação é básica para formação de uma sociedade, de um país.

Como anda a educação brasileira? Em frangalhos.

Tirando as escolas particulares (mesmo assim há escolas ruins) e poucas exceções na escola pública, o que se vê são alunos saindo da escola com o nível cultural abaixo da crítica.

O problema é recursos?
Não. O problema é de gestão. Gasta-se muito na atividade meio e pouco na atividade fim. Além disso o gasto é malfeito.

Imaginem a escola funcionando como uma cooperativa. Imaginem que o Estado pagasse às escolas por aluno com base no desempenho do aluno e no desempenho dos professores. Imaginem se as escolas públicas fossem entregues aos professores para gestão, sendo que seus salários seriam frutos dos resultados da escola por eles administrada.

O Estado é perdulário. Apenas quando o recurso fica nas mãos dos particulares ele é melhor empregado. Ao Estado cumpre a função de planejar e de controlar (fiscalizar). O Estado deve estar fora de atividades de execução.
A Educação deve passar por uma revolução no Brasil para que seja a base da sustentação do futuro do país.

FUNDO PARTIDÁRIO

Desde quando o problema de corrupção na Petrobrás tornou-se crônico, alguns políticos passaram a endereçar o tema de financiamento dos partidos políticos no Brasil como se esse fosse o verdadeiro problema.

A partir daí, o tema ganhou importância na mídia, passou a fazer parte dos discursos de líderes políticos e, por consequência, entrou na pauta de conversas dos afiliados partidários, principalmente dos partidos de esquerda.

Financiamento público de campanhas e fim das contribuições das empresas aos partidos políticos são as bandeiras levantadas pelos envolvidos nos casos de corrupção. Como se o sistema lhes obrigasse a receber propinas!!!

Assusta-me esse tipo de discurso.
Em primeiro lugar porque é uma forma clara de desvio de atenção ao tema principal: a corrupção. Mas, inquieta-me também, porque um partido político é uma associação voluntária de pessoas.

A lei vincula a existência de um partido político a assinaturas de eleitores que somem hoje cerca de 500 mil. E que mantenham diretórios em ao menos 9 Estados, além de outras obrigações acessórias.

Ou seja, se um partido político é uma associação voluntária, se ele teve como juntar 500 mil eleitores em seu entorno e se está organizado em ao menos 9 Estados é porque detém capacidade para que seus associados o sustente, inclusive o financie.

Diz-se na iniciativa privada: "se não tiver competência, não se estabeleça". O mesmo se aplica a qualquer associação de pessoas. Se um partido político não consegue atrair o interesse de associados que o sustente é simplesmente porque não há razão para o partido existir.

O Estado, ou seja, todos os brasileiros, não têm a menor necessidade de financiar grupos de pessoas que não conseguem sensibilizar, através de sua tese política, associados.

O grande número de partidos "nanicos" que existem no Brasil apenas existem porque há o Fundo Partidário, ou seja, recurso proveniente do tesouro federal (de todos os brasileiros) oferecido graciosamente a todos os partidos políticos.

Apoio por completo a intenção do Partido NOVO de usar o recurso do fundo partidário para fazer uma campanha contra o Fundo Partidário.

Partido Político que se preze deve ser sustentado por seus associados. É como um clube de pessoas que

reúnem em torno de ideias. Se não há ideias ou se não há pessoas não há razão para haver o clube.
É isso!

BENEFÍCIOS TABALHISTAS

A proposta de lei que regulamenta a terceirização de serviços, inclusive de atividades-fim, tem sido fortemente atacada por líderes sindicais.

A lei trabalhista brasileira data da época de Mussolini, foi escrita com base na Carta Del Lavoro e não há nada mais retrógrado que isso.

Desde quando é benefício o FGTS administrado por políticos que compram títulos podres da Venezuela ou investem em empresas mal administradas como a Petrobrás?

Garanto que qualquer pessoa sabe lidar com o seu dinheiro melhor que qualquer burocrata ou melhor que qualquer organização descomprometida com a geração de renda para o investidor.

A terceirização de serviços, inclusive os essenciais, permite ao profissional optar em que ele vai alocar seu dinheiro. A liberdade deveria ser o ponto alto da essência da sociedade brasileira. Foi o espírito protecionista e patriarcal que criou a CLT – Consolidação das Leis Trabalhistas, baseado nos princípios do fascismo, e que deve ser banida da vida brasileira.

Liberdade é um bem incomensurável. Liberdade é o maior bem que um Estado pode oferecer ao seu povo por conta da lei, criada pelo povo, em seu próprio benefício.

E o imposto sindical? Igualmente a contribuição sindical deveria ser abolida.

Pergunte a qualquer profissional se ele deseja que a remuneração de um dia de seu ganho deve ser entregue ao sindicato de sua categoria ou se deve ficar com ele? A organização sindical deveria ser tratada com o espírito associativo e com liberdade.

Ou seja, deveria haver liberdade para a criação de sindicatos, bem como deveria ser livre a decisão de filiação ao sindicato. Se um sindicato não oferece benefício, se não atrai associados, por que deve existir?

Se os profissionais da categoria não veem valor no sindicato então ele não tem razão nenhuma de existir. Não faz sentido a sociedade bancar um sindicato por simples decisão ideológica!

Liberdade acima de tudo! Benefício trabalhista é o profissional poder colocar seu dinheiro onde desejar!

O ESPÍRITO INCONFIDENTE NÃO MORREU

Hoje, 21.04.15, comemora-se aniversário da Inconfidência Mineira, um movimento patriótico e libertário que ocorreu no Brasil, nas Minas Gerais, tendo sido abortado pela Coroa Portuguesa em 1.789.

Queriam os inconfidentes a separação do Brasil de Portugal, mas acima de tudo desejavam implementar os ideais de LIBERDADE, IGUALDADE e FRATERNIDADE.

Na mesma época movimentos libertários consagravam-se em outros países como a Revolução Francesa (1789) e a Guerra da Independência dos EUA (1783).

A proposta dos Inconfidentes não se resumia na separação do Brasil de Portugal, sendo que a "derrama" seria a ferramenta utilizada para mover o povo contra a Coroa. A proposta dos Inconfidentes era criar um país com os ideais da Liberdade que se traduzia pela liberdade individual, pela liberdade econômica, pela Liberdade como principal virtude de embasamento da nação.

Os norte-americanos conseguiram implantar a sociedade tão sonhada pelos Inconfidentes tendo a Liberdade como pedra fundamental de sustentação da sociedade.

Os franceses alternaram-se entre as virtudes da Liberdade e da Igualdade criando uma sociedade instável e cheia de batalhas, já que apenas a Liberdade pode desaguar na Igualdade e não o contrário. Forçar a Igualdade é um ato explícito contra a Liberdade.

O Brasil, por sua vez, ainda não saiu da sombra. Ainda hoje o Brasil carrega um grande fardo sobre seus ombros, alternando grupos no poder que impõem privilégios a si próprios, aumentando o peso nos ombros da sociedade.

Ao bradar por Igualdade, ao reclamar por compensações históricas, vários grupos apenas crescem o peso nos ombros da sociedade, que ainda não conquistou sua Liberdade, sua capacidade de decidir pelo seu destino.

A Liberdade para empreender é sufocada pela burocracia, enquanto a individual é sufocada pelos poderosos grupos instalados no Poder.

O desejo de uma Pátria Livre, com Liberdade acima de tudo, não sai da cabeça dos brasileiros que vão às ruas, lamentam a situação do país, embora se certifiquem de que os políticos agem em causa própria, sem projeto de país, mas apenas com projetos de Poder.

O espírito Inconfidente não morreu. Todo rio encontra seu trajeto e deságua no mar. O dia desejado pelos Inconfidentes chegará, e o Brasil verá a Luz.

A ALIANÇA QUE SUFOCA O BRASIL

O orçamento da União Federal é a melhor demonstração de como o país vive sufocado: 40,30% dos recursos são carreados para pagamento de juros e amortização da Dívida e 24,11% são destinados à Previdência Social. À Educação cabe apenas 3,7% e à Saúde míseros 4,29%. Quase 40% do PIB é arrecadado em tributos, ou seja, não há mais espaço para ampliar a tributação. Não há mais como espremer os particulares. O orçamento da União Federal monta em cerca de R$ 1,7 trilhão.

Qual seria a saída para o país? De que forma tirar o Brasil dessa encruzilhada? Certamente é o desenvolvimento econômico. A criação de riqueza. A melhoria do nível educacional da população. Isso criaria um círculo virtuoso.

Porém, somos impedidos de crescer, de evoluir.

Todos os partidos políticos se enraizaram no serviço público, criaram benefícios para si e criaram uma tecnocracia que impede qualquer tema de ser resolvido com rapidez e objetividade. Não há foco no interesse público.

Enquanto a população é obrigada a cortar custos a Aliança cospe no rosto da nação simplesmente triplicando os recursos do orçamento da União para o Fundo Partidário.

A tecnocracia e os partidos políticos produziram leis e regulamentos que impedem os particulares de trabalhar a contento. Impede a expansão da infraestrutura.

Não permite que mais bens e serviços sejam postos à disposição da população, da demanda.

Resultado: para conter a inflação os juros sobem, visando reduzir a procura, já que não se consegue oferecer bens e serviços demandados pela população.

Daí se explicam os quase 65% dos recursos orçamentários da União Federal gastos com apenas duas titulações: juros/amortização de dívida e previdência social que, apenas por curiosidade, tem 75% de seus recursos destinados a apenas 25% dos beneficiários.

É necessário quebrar essa Aliança tão nociva ao país imediatamente. Não há outra alternativa. Temos que enxugar o Estado e colocar o foco no cidadão, na liberdade individual.

O Poder tem que voltar ao Povo.

PRAGMATISMO

O “bom selvagem” de Rousseau, a “mão invisível” de Adam Smith, a “exploração do homem” de Karl Marx, o “Leviatã” de Hobbes e todos os clássicos ajudaram o mundo a ter sua forma atual.

De diversas maneiras países e sociedades procuraram colocar em prática teorias desenvolvidas por mentes brilhantes. Os pensadores motivaram a muitos.

A humanidade viu o comunismo da União Soviética (1919-1991) e o nacional socialismo da Alemanha nazista (1933-1945) surgir e ruir. Viu a morte do capitalismo selvagem com o crash da Bolsa de Nova York (1929), além de várias experiências envolvendo teorias da democracia cristã, da social-democracia, dos socialistas do Estado empresário, dos liberais ingleses etc.

A História da humanidade dos últimos 150 anos é um manancial maravilhoso de conhecimento sobre o ser humano, sobre sistemas de governo e sobre os benefícios e malefícios das várias experiências realizadas.

Não me parece razoável, considerando a história vivida, desprezar esse conhecimento.

Usar desse conhecimento e aplicá-lo é uma questão de inteligência.

A busca de qualidade de vida para todos, de uma sociedade justa, humana, livre e fraterna está mais perto do que se imagina. Basta sermos pragmáticos e usarmos do conhecimento adquirido.

As teorias caem por terra quando a realidade as supera. Acabou a época de esquerda e direita. Estamos na era do Pragmatismo.

FALÊNCIA DO ESTADO BRASILEIRO

Independente da ideologia, é consenso, é unânime o pensamento de que compete ao Estado ofertar aos cidadãos os serviços de Segurança, Justiça, Educação e Saúde.

Os brasileiros vivem com medo dentro de suas casas. Enjaulados. Em condomínios com segurança privada. Nossos filhos estão em escolas particulares porque não há qualidade de ensino adequada nas escolas públicas e que, não conseguiriam atender a todos, se todos os brasileiros fossem buscar esse serviço do Estado.

Quem não tem seguro saúde? Plano de Saúde? Salvo raríssimas exceções o serviço de saúde oferecido pelo Estado é péssimo, inconsistente, inadequado, sem equipe suficiente, sem equipamentos, em ambientes deteriorados por ausência, inclusive, de manutenção.

Justiça? Além de ser morosa, é corruptível. O instituto da arbitragem é hoje festejado porque o Estado não consegue oferecer justiça imparcial, rápida e gabaritada. O lobby deveria ser inadmissível no Judiciário, mas cada vez mais se observam influências, amizades, troca de favores ocorrendo em todos os cantos do país.

O que nos sobra se 65% do orçamento da União Federal é destinado a pagar juros da dívida e aos pensionistas? O pouco dos serviços públicos oferecidos à sociedade é mais que ruim. Hoje o brasileiro precisa de segurança privada, escola particular, seguro saúde e arbitragem (justiça privada). Então, para que o Estado?

Dinheiro mal gasto. Privilégios. Incompetência.

É necessário reduzir o tamanho do Estado e concentrá-lo nos serviços básicos que deveria oferecer. Se o Estado não consegue fazer o básico, não deve fazer mais nada, até fazê-lo bem.

É a única forma de reconstruirmos o país, oferecendo poucos recursos à corrupção e permitindo ao cidadão ser o centro das atenções da sociedade.

O Estado existe para servir a população e não o contrário.

É hora de reconstruir o Brasil.
Quem estuda economia sabe que o mercado é comandado pelos pilares de oferta e de demanda e que a oferta de bens e serviços dependem totalmente da disponibilidade de infraestrutura.

Não se pode produzir nada sem energia, recursos humanos, transporte etc.

O Estado Brasileiro, desde o princípio, tem sido o propulsor da expansão da infraestrutura no país.

Impulsionado por nacionalistas, socialistas e tecnocratas, a sociedade tem sido levada a acreditar que cabe ao Estado prover o país de infraestrutura diretamente. Mas o Estado brasileiro não tem os recursos necessários para oferecer a infraestrutura que o país precisa.

Por conta de um gargalo extremo os tecnocratas encontraram nas PPP's uma forma de continuar a manter o comando do processo de expansão da infraestrutura, os nacionalistas passaram a dar suporte às empreiteiras brasileiras, criando um quase cartel, e os socialistas aceitaram que o financiamento tivesse origem em bancos controlados pelo próprio Estado.

Para manter o entrave do sistema fez-se por aprovar legislação que limita a exploração dos investimentos em 35 anos.

Recordo-me que, sem a Light, São Paulo não teria a infraestrutura de energia elétrica que tem. A Light recebeu concessão de 100 anos e por isso lhe valeu a pena fazer todos os investimentos realizados. Por que limitar o prazo de exploração? Por que privilegiar empreiteiras brasileiras? Por ficarem reféns dos limitados recursos do BNDES ou de empréstimos de Bancos de Desenvolvimento como o Banco Mundial?

A manutenção do ritmo atual de expansão da infraestrutura continuará a remar contra os interesses nacionais. Pacotes como o anunciado recentemente pela Ex-Presidente Dilma são apenas produtos de marketing político e de manutenção do sistema quase feudal que temos.

A FALÁCIA DA INFRA-ESTUTURA NO BRASIL

A ausência de infraestrutura adequada impede a expansão de bens e serviços para servir à demanda. Portanto, para continuar a controlar a inflação, os juros deverão permanecer altos, visando reduzir a demanda.

Não seria o momento de o Brasil apostar no controle da inflação pelo crescimento da oferta? Não seria o momento de permitir aos brasileiros possibilidade de melhor qualidade de vida? Não seria o momento de dar ao povo a possibilidade de comandar seu próprio futuro?

Políticos comprometidos com o futuro do país deveriam lutar para alterar a Lei 12.766/12, bem como governadores e prefeitos deveriam listar todas as necessidades de seus municípios e estados e ofertar à iniciativa privada a possibilidade de realizar os investimentos e explorá-los, mesmo com as limitações atuais. Capitais chineses, alemães, canadenses, de qualquer canto do mundo, deveriam ser bem-vindos.

Candidatos a planejar, executar o projeto e explorar o investimento deveriam ser quaisquer empresas idôneas, de qualquer lugar do mundo. Ou alguém imagina que um estrangeiro pegaria uma hidrelétrica, colocaria debaixo do braço e iria embora do país?

Investimento realizado por empresa privada sai mais barato, é mais eficiente, é mais bem gerido e traz múltiplos benefícios. A história prova isso! Ou alguém tem dúvidas de que o Estado é perdulário e indutor da corrupção?

Quando diminuímos o tamanho do Estado diminuímos a corrupção. Quando enaltecemos a livre iniciativa aumentamos o grau de liberdade do povo.

Chega de alimentar banqueiros, tecnocratas e empreiteiros e deixar a população amarrada à mediocridade dos permissivos governantes.

É hora de entregar o Poder ao Povo!

ESTADO MÍNIMO, NÃO...

Após a total falência na crença da Mão Invisível de Adam Smith, com a quebra da Bolsa de Nova York em 1929, a figura do Estado passou a alimentar a mente de muitos pensadores. O Estado surgiu como grande salvador dos problemas criados por sua ausência.

As teorias totalitárias se espalharam pelo planeta, bem como a do capitalismo de Estado.

No Brasil a função do Estado, como desenvolvedor econômico, tomou forte impulso com a criação de estatais, já que, também, não se acreditava haver recursos à época capazes de criar grandes organizações como a Petrobrás.

O discurso nacionalista dos militares após 64 fortaleceu essa crença e muitas novas estatais foram criadas. No fim do governo militar, após quase uma geração, um enorme estrago já havia sido operado e os braços do Estado estavam por todos os lados, em quase todos os setores.

Com a redemocratização do país pouco se fez para apagar esse erro. Algumas empresas foram privatizadas, como as telefônicas, mas as pobres características do ser humano fizeram com que as regras da livre concorrência migrassem para a concorrência controlada.

Além disso, nos últimos 12 anos, o Brasil sofreu uma grande avalanche de inchaço da máquina pública por conta do pensamento socialista aliado a usurpadores do Poder. Ineficiência, perdulariedade, baixa produtividade, corrupção, enfim, tudo que poderia ser de ruim invadiu o tecido governamental e de sua máquina como um câncer fortemente hostil.

Não é, portanto, de se estranhar, que haja uma grande revolta da população contra serviços públicos ruins ou inexistentes e uma altíssima carga tributária. É óbvio que há manifestações, em todas as partes, contra processos corruptos de gestão de Poder. Chega-se, então, a considerar um Estado mínimo, já que o Estado não é melhor gestor de recursos que os particulares são de seus próprios recursos.

Não há que se refutar a experiência de séculos sobre a perdulariedade do Estado, mas há que se reconhecer que os processos de gestão evoluíram de forma que, graças ao conhecimento gerado nas últimas décadas, o Estado pode hoje fazer o que não poderia fazer no passado sem deter a execução.

Segurança, Justiça, Educação e Saúde são responsabilidades inatas ao Estado. Mas também lhe cabe a precípua função de planejar o futuro do país, da qualidade de vida da população.

Planejamento e Controle (fiscalização) são as melhores ferramentas.

Criar incentivos e penalidades é uma forma inteligente e libertária para induzir a sociedade na produção de bens e serviços que podem levar dignidade a todos.

Estado mínimo é um erro. A crise de 1929 é a maior prova disso. Mas o Estado, sendo perdulário, deve ser o mínimo necessário.

Precisamos do Estado que saiba executar suas funções e usar da iniciativa dos particulares, da sua capacidade de empreender, para o bem do país, tendo a Liberdade Individual e a Livre Iniciativa como pilares sociais.

É hora de devolver o Poder ao Povo!

TOLERÂNCIA

Tolerância é uma virtude. É a atitude de aceitar valores diferentes.

O povo brasileiro sempre foi tolerante. Povo moldado pela união inter-racial, por diversas religiões, várias etnias, portanto conceitos e pensamentos. A paz sempre imperou no Brasil.

Há poucas décadas grupos armados, terroristas, extremistas, visando à implantação de seu pensamento totalitário na sociedade brasileira, passaram a incitar centenas de membros da sociedade contra ela própria.

Bradavam pelas minorias, por seus direitos, diziam eles.
O Brasil é um país que vive sob o império da lei e sua lei principal, a Constituição Federal, garante que todos são iguais sem distinção de qualquer natureza (art. 5º). Ou seja, todos estão protegidos pela lei, minorias ou maiorias, TODOS.

Mas, com discurso raivoso misturando a defesa da democracia com o repúdio ao passado, esses extremistas trilharam uma caminhada que lhes levou ao Poder. Desde início dos anos 2000 lá estão e produziram mazelas e mais mazelas ao país. A situação do país é lastimável.

A indústria sucateada, o setor produtivo sufocado, o governo inchado e cada vez mais improdutivo, o país com o futuro comprometido com juros estratosféricos e nível de endividamento absurdo que deixa menos de 15% do orçamento da união para ser efetivamente investido em benefício da sociedade.

Idosos ficaram sem remédios, as crianças e o jovens sem escolas e seus pais, aos milhões, sem empregos. Demorou uma década para a população ir às ruas para reclamar. Durante uma década a população foi tolerante com um grupo de extremistas corruptos.

Quando o ex-ministro Mantega publica artigo na Folha de São Paulo seu clamor por tolerância, declarando-se vítima de intolerância, e com o alerta à população, como se seu tratamento fosse um ato contra a democracia.

Democratas são aqueles que respeitam os outros, que permitem o debate de ideias, que se alternam no poder, que respeitam as leis e não confundem o Estado com um Partido Político.

Se eu encontrasse o Sr. Mantega em qualquer local público, provavelmente repetiria os atos de alguns brasileiros que o encontraram em restaurantes e publicaram suas manifestações. Provavelmente diria que ele foi um dos maiores responsáveis pelo estado atual do país. Que ele deveria bater em cada porta de cada brasileiro e de joelhos implorar por perdão.

Sua atitude à frente da economia brasileira destruiu os sonhos de milhões de brasileiros e permitiu que uns poucos assaltassem os cofres públicos.

O Sr. Mantega deveria se envergonhar de suas palavras. O povo brasileiro foi tolerante demais com esse grupo de terroristas.

É hora de julgá-los e devolver o Poder ao Povo!

DEMAGOGIA

Demagogia é uma palavra de origem grega que significa a arte ou o poder de conduzir o povo. É uma forma de manipular o povo.

O termo, desde quando o conheço, é usado de forma pejorativa. É uma referência a governantes que mentem ao povo, iludindo-o para conduzi-lo ao caminho desejado pelo governante.

Quando um governante diz que a economia sofreu um retrocesso de 1% no PIB por conta de ações como as operações contra a corrupção, uma vez que os atos de corrupção apurados são do próprio governo, vê-se um exemplo simples do que é demagogia.

Na verdade, quando um governante afirma que uma estação de metrô será inaugurada numa data próxima, mesmo sabendo que não será capaz de cumprir com sua promessa, atua como um demagogo.

Quanto às edificações em áreas de manancial são permitidas por um governante - embora a lei o impeça e ele não a cumpra -, mesmo ciente de que que haverá consequências ambientais graves, não se opondo estará praticando o rito do demagogo.

O demagogo, por definição, é incompetente. Mentir ao povo para levá-lo a destino desejado pelo governante é clara confissão de que ele sabe que o povo desejaria caminhar para outro lado. Caso contrário, não seria necessário faltar com a verdade.

Agir como demagogo é demonstrar agarrar-se ao Poder como a coisa mais importante do mundo. O governante deveria servir à população e não a seus interesses pessoais.

Usualmente, os demagogos se utilizam de argumentos não racionais. Apelam mais para o emocional, deixando de lado o racional.

"Eles são contra os pobres" é um forte argumento emocional. "Agem como nazistas" é outro tipo de argumento irracional.

Aristóteles, em "A Política", dizia que a demagogia está para a democracia como a tirania está para a monarquia, pois é um ato de privilegiar interesses pessoais, ou de um pequeno grupo, em detrimento da maioria.

É uma forma explícita e condenável de corrupção.

Maquiavel indicava que o Estado era a única organização que mobilizava a todos, dispondo de meios de gestão e coação. O Estado seria o meio de manipulação das massas. Conclusão: o ato de governar permite ao governante ser demagogo.

A demagogia encontra eco junto a populações com baixo nível cultural, mas sempre chega quando o demagogo se depara com a verdade e o povo lhe retira o Poder.

Algumas vezes de forma institucional, utilizando-se das leis e do exercício dos Poderes Legislativo e Judiciário, por outras vezes de forma hostil e violenta.

A História ensina uma grande verdade: a demagogia sempre tem um fim.

É hora de julgar os demagogos e devolver o Poder ao Povo!

PRIVILÉGIOS: COTAS RACIAIS

Cota racial é um tema que entrou no debate político há poucas décadas no Brasil, objetivando reservar assentos, lugares ou vagas a determinadas etnias.

Dizem seus defensores que é uma forma de ação afirmativa para reverter o racismo e se tornar um sistema de inclusão social. Aparentemente surgiu na Índia há quase 80 anos, país com os maiores problemas de etnia do planeta.

O racismo, de direito, existiu em muitos países durante séculos. Foi sendo expurgado de muitas sociedades por obra de humanistas, mas de fato ainda existe espalhado por aí. Disfarçadamente, secretamente ou como leve preconceito ainda se nota o racismo.

O reconhecimento de que todos são iguais é fruto do consenso religioso de que todos nascem e morrem da mesma forma. De que todos somos filhos de Deus (independente do nome que cada religião lhe dá) e que fomos criados à sua imagem e semelhança. E, portanto, devemos ter os mesmos direitos, ou seja, direitos iguais.

Ainda que o Estado seja laico, não há como negar que o povo tem suas religiões e suas crenças refletem suas ações e seus comportamentos. Isso fez com que a IGUALDADE fosse bradada aos quatro ventos e a fé de vários povos tornou-a instituto jurídico nos países civilizados.

“Todos são iguais perante a lei” diz a maioria das Constituições das nações civilizadas.

Ou seja, a lei deve tratar a todos iguais independente de crença religiosa, raça, idade ou qualquer traço que diferencie um ser humano de outro.

Mas além disso os sistemas jurídicos punem o racismo. Alguns como crime comum e outros como crime hediondo. Todos punem.

Privilegiar uma raça sobre a outra é atestar a desigualdade.

Privilégios, independentemente da razão, por definição, é uma afronta ao princípio da Igualdade.

LIBERDADE, IGUALDADE e FRATERNIDADE são os objetivos que o Brasil deveria ter para seu povo e não grupos se sobrepondo a outros como o país sofre há mais de 500 anos.

OS BANQUEIROS E O PODER

Desde sempre Poder e dinheiro estão associados.

Guerras eram financiadas pelos banqueiros que, usualmente, financiavam os dois lados para ter a certeza de receber seu juro e seu dinheiro de volta. Os vencedores assaltavam os cofres públicos e pagavam os banqueiros.

A História sempre mostrou esse comportamento. Desde sempre. Nada mudou.

Recentemente o presidente do Conglomerado Itaú Unibanco manifestou sua opinião sobre a manutenção da Presidente Dilma no Poder. Houve indignação geral. Mas deve haver ao menos uma razão.

Recordo-me de uma indagação que fiz ao Prof. Paulo Rabelo de Castro, em uma apresentação durante evento do Partido NOVO, quando falou que não há governo grátis.

Apresentei meu pensamento:

> 1. Vivemos, desde 1964, um processo de conjunção de interesses. Os nacionalistas, devido à ausência de capitais locais para grandes empreendimentos, incentivaram a criação de estatais. Os tecnocratas,

para não perderem o poder de condução de processos decisórios, não abrem mão de o Estado ser o provedor da infraestrutura e, quando a abrem, usam de PPP's, sob seus comandos, com intervenção estatal. Os socialistas, por razões óbvias, demandam ser o Estado o único provedor da infraestrutura.

2. Além disso, também unindo nacionalistas, socialistas e tecnocratas há o financiamento público a empresas brasileiras para as PPP's. Daí o BNDES ser o maior banco de desenvolvimento do mundo.

3. Isso tem atrasado o Brasil, porque o Estado não tem capital para fazer frente às necessidades da infraestrutura, sem contar com o ciclo de nascimento de um simples viaduto no Brasil que, graças à complexa burocracia, é de cerca de 9 anos. Mesmo que houvesse capital suficiente, a burocracia não permitiria o rápido desenvolvimento econômico do país.

4. Portanto, mesmo que a demanda por bens e serviços seja maior que a oferta, não podemos oferecer mais à população, pois não há infraestrutura adequada para prover os particulares a produzirem mais e satisfazer a demanda.

5.Resultado: o controle da inflação sempre se faz com a redução da demanda mediante aumento de juros, juros elevados, em patamares extorsivos, enriquecendo banqueiros de forma injusta e às custas do suor da população.

Então perguntei: os banqueiros são cúmplices ou ativos atores desse jogo contrário aos interesses nacionais? Disse o Prof. Paulo Rabelo de Castro que os banqueiros estão apenas aproveitando a onda.

Quando me recordei das palavras do Prof. Rabelo de Castro tudo ficou claro porque o presidente do conglomerado Itaú Unibanco defendeu a permanência da Presidente Dilma. Os banqueiros estão aproveitando a onda..., desde 1964...

E assim o Brasil caminha sacrificando o povo e lhe roubando o futuro, pago com muito sangue, suor e lágrimas...

Está na hora de devolver o Poder ao Povo!

O BRASIL E SUAS CASTAS

Casta é uma forma de estratificação social que, de forma hereditária, transmite um estilo de vida. Metaforicamente, pode ser utilizada para designar partes da população de um país, quando não há movimentos na estratificação social.

O Brasil tem essa mazela.

Com a colonização do Brasil dividiu-se: o povo em membros da corte; escravos, amigos da corte; e os relegados, à própria sorte. Os membros da Corte viviam assaltando os cofres públicos. Os escravos, quando não tentavam fugir e ganhar a liberdade, apenas rogavam a Deus melhor sorte no dia seguinte. Os amigos da corte praticavam atos de comércio vivendo ao redor dos recursos advindos do tesouro. O restante tentava sobreviver mediante emprego dos talentos de suas profissões.

Passados vários séculos, nada mudou.

A corte foi substituída pelos políticos de alta patente. Recebem altas pagas por seus serviços, com direito a enormes verbas para auxiliares e até benefícios vitalícios.

Os amigos da Corte são os funcionários públicos, que vivem do tesouro, recebem remuneração constante, têm empregos estáveis, recebem bônus baseados apenas pelo tempo de serviço e ainda têm aposentadoria integral, permitindo-lhes manter padrão de vida melhor que o vivido durante o período de trabalho, independente de desempenho. São também amigos da Corte os convivas do Poder: profissionais liberais, empresários e banqueiros que são beneficiados em negócios com o Estado.

Não há mais escravidão no Brasil, mas para manterem-se no Poder permitem que os mais simples infrinjam as leis, ocupem propriedade privada, no campo e na cidade, invadam áreas de mananciais, roubem sinais de companhias de televisão privada, retirem eletricidade dos postes públicos, e lhes dão recursos financeiros diretamente, chamados de programas sociais.

O restante é sacrificado. Retiram-lhes suas poupanças seja através da inflação, seja através de altas taxas de juros, necessárias para manter esses privilégios à Corte, a seus amigos e seus convivas, mas principalmente sendo os únicos a obedecer às leis e regulamentos integralmente, que são feitos para serem inexecutáveis. O Brasil não evoluiu nada na sua estratificação social porque o Estado continua sendo o centro das atenções. Diminuindo o tamanho do Estado libertamos o Brasil desse destino cruel e imoral.

Está na hora de entregar o Poder ao Povo!

TRIBUTAÇÃO

A única razão de haver tributos é a necessidade de contar com recursos para financiar o exercício das atividades do Estado.

Quando o Estado é responsável por muitas coisas, então sua necessidade de recursos aumenta. Quando o Estado atua em poucos campos sua necessidade de recursos é comedida.

Há situação na qual o Estado é um mau administrador, então sua arrecadação supera a verdadeira necessidade de recursos. Quando o Estado deseja fazer tudo, como nos países comunistas, então sua fome por recursos vai ao extremo, e não há interesse dos particulares de produzir para perder tudo pelo qual trabalhou em favor do Estado.

Independentemente de julgar a capacidade de qualquer Estado em ser bom administrador é, a rigor, registrar que a História mostra de forma insofismável que o Estado não é apenas um mau administrador, mas é sim um péssimo gestor de suas coisas e a de terceiros.

Dessa forma, maiores são os tributos quanto maior for a incompetência estatal.

Vamos ver o Brasil, por exemplo.

Os tributos são arrecadados para o Estado prover a população com serviços minimamente capazes de oferecer segurança (interna e externa), justiça, educação e saúde. Esses são os serviços básicos que o Estado deve prestar.

A população brasileira vive em condomínios para se proteger, cada vez mais utiliza os serviços de arbitragem (ou justiça privada), esforça-se para ter seus filhos em escolas particulares e não sobrevive sem planos de saúde.

Portanto, o Estado brasileiro mostra-se incompetente para fazer o básico que deveria.

Apenas para citar alguns outros serviços que o Estado brasileiro se propõe a prestar: (i) transportes: há menos ruas que carros, estradas insuficientes, mal conservadas, há pouca malha ferroviária e o transporte marítimo é quase inexistente; (ii) habitação: mais da metade da população brasileira não tem condições dignas de habitação, o sistema financeiro habitacional ainda é pré-histórico e incapaz de oferecer o crédito que o mercado necessita e os principais suprimentos são controlados por cartéis; (iii) comunicações: tratados como concessões públicas, as estações de rádio e televisão são controladas por políticos, em número reduzido, com altos tributos para os serviços privados de televisão, visando limitar sua audiência aos ricos do país.

Percebe-se que a incompetência do Estado é de conhecimento público.

Mas para prestar esses toscos e péssimos serviços a somatória de todos os tributos pagos no Brasil se aproxima do limite dos 40% do PIB, ultrapassando em muito a Curva de Laffer, que demonstra o ponto de eficiência na arrecadação.

Ou seja, no Brasil pagam-se muitos tributos sem contrapartida. O Estado é perdulário, improdutivo, ineficiente e o ser humano é corruptível.

Apenas diminuindo o tamanho do Estado libertamos o Brasil desse destino cruel e imoral.

Está na hora de devolver o Poder ao Povo!

SISTEMA PENITENCIÁRIO BRASILEIRO

O sistema penitenciário serve para que os culpados paguem suas penas.

A sociedade tem regras que a tornam civilizada. É mediante um conjunto de regras, chamadas leis, que a sociedade é organizada e, assim, há respeito entre os membros de seu povo. Os que quebram as regras, após devida análise social, ou seja, julgamento, recebem punição que varia de acordo com o tipo de infração às regras sociais.

Esse simples princípio foi quebrado por pensadores que colocaram a culpa na sociedade por haver infratores às regras sociais. Com a defesa da tese de que o homem é bom (teoria do bom selvagem), se o homem infringe as regras é porque ele foi renegado pela sociedade e voltou-se contra ela.

Os dias atuais têm mostrado que esses pensadores, criadores de teses chamadas de "direitos humanos", nada mais fizeram que permitir a infração às regras a ponto de os marginais não se reconhecerem como tal.

Que a sociedade deve oferecer saúde, educação, segurança e justiça a todos, não há contestação. Mas admitir que o ser humano é sempre bom, chega a ser de grande ingenuidade.

Nos países em que a o ensino e saúde são universais, como Canadá, Japão e Inglaterra, há criminosos. A infração às regras sociais gera punição.

E a punição é paga em sistema penitenciário.

O sistema penitenciário é custoso. São acomodações aos presos, espaços comunitários, áreas operacionais para serviços envolvendo alimentação, rouparia, lavanderia, áreas de segurança, entre outras. É muito custoso.

Quem geralmente arca com esse custo? Usualmente é a própria sociedade. Em parte como instrumento de sua proteção contra os infratores, mas também para tentar recuperar o ser humano ao convívio social.

Mas isso é justo? É justo que a população que obedece às leis tenha que pagar para que o culpado cumpra sua pena? Parece-me que não.

Não faz sentido a sociedade arcar com o custo da punição. O punido deveria arcar com seu custo. O infrator deveria exercitar uma profissão que, por mais simples que seja, gera uma paga pelo serviço. Paga essa que deve ser utilizada para arcar com o custo que ele, infrator, gerou para a própria sociedade.

Não há mente sã se ela não estiver ocupada com algum exercício. Não há razoabilidade no custeio do infrator pela sociedade se ele pode pagar com seu próprio trabalho.

O sistema penitenciário brasileiro precisa ser revisto urgentemente.

TERRORISMO NO BRASIL

Enquanto o mundo fica traumatizado com os atos terroristas ocorridos em Paris na sexta-feira 13 de 2015, enquanto reflexões ocorrem em todos os meios de comunicação do planeta sobre como deter os seres humanos que querem impor seu pensamento à força, nós aqui no Brasil convivemos com o terror rotineiramente.

Terrorismo pode ser definido pelo emprego sistemático de violência para fins políticos com práticas de atentados e destruições para desorganizar a sociedade e tomar o Poder.

As estatísticas apontam para cerca de 150 mortes diárias por atos de violência. Sentimos na pele, andando na rua, a sensação de ausência de proteção. E quando reclamamos vemos os governantes se aliarem aos meliantes por conta de seus votos, oriundos de comunidades controladas.

O grupo político que se estabeleceu no Poder no Brasil desde 2002 é composto por ex-terroristas. José Dirceu foi treinado em Cuba, desfigurou-se, trocou de identidade. José Genoíno pegou em armas e participou da Guerrilha do Araguaia. Dilma Roussef, como vários outros membros do PT, pertencia ao grupo do Araguaia.

Terrorista é aquele que não obedece às leis. Utiliza-se da violência para impor sua vontade.

O que poderíamos esperar do grupo político que está no Poder, se nunca obedeceram às leis e buscavam impor suas vontades pela violência? Óbvio que violentam a sociedade com a destruição de seus valores e de seus bens.

Enquanto um cidadão de bem demora anos para conseguir licença de construção de um empreendimento, grupos organizados, por vezes com patrocínio indireto de verba federal, ocupam terras alheias e as usam da forma que desejam, usualmente, sem contestação das autoridades. Protestar contra o governo fechando estradas gera mudança da lei para haver punições caras e imediatas. Mas, quando não estavam no Poder, seus protestos fechando avenidas e queimando pneus nas estradas, podia...

Petrobrás, Eletrobrás e Correios são alguns exemplos de empresas monopolistas que apresentaram casos de corrupção extremos ou resultados negativos impressionantes. Como uma empresa com monopólio pode ter prejuízo? Ela nem sequer tem competidores que poderiam lhe retirar clientes ou baixar seus preços!!
Viver no Brasil tornou-se convívio com o terror.
O exemplo deve vir de cima.

ESTADO DE DIREITO

O absolutismo era a forma de governo no qual a vontade do governante era impositiva. Durante a maior parte da História da humanidade, a tirania era o modelo mais utilizado pelas sociedades que, via de regra, adoravam seus "reis" como representação divina na terra.

Em 1.215 João Sem Terra, rei da Inglaterra, através da Carta Magna, elevou todos os súditos ao nível de iguais declarando que ninguém poderia ser preso sem o processo legal e o governante deveria agir segundo a lei. As democracias foram além e criaram o Estado de Direito.

Ninguém está acima da lei. Os governos exercem autoridade por meio da lei e estão subordinados às punições pela lei impostas.

Na democracia a lei exprime a vontade do povo e são criadas por seus representantes. Ou seja, o povo obedece às leis que ele mesmo cria.

Não há vontade de um tirano que ordena qualquer comportamento ao povo. Apenas a lei é criadora de direitos e obrigações, sendo que todos são iguais perante a lei.

No Estado de Direito o Poder Judiciário é independente e tem a força necessária para impor o poder de polícia do Estado, ou seja, é capaz de ordenar e impor a ordenação da lei.

Ainda que o Brasil tenha saído de um regime ditatorial militar e seu povo tenha conquistado a volta de seu direito de cidadão com a promulgação de uma nova Constituição, aliás redigida por seus representantes, e ainda que a Constituição de 1.988 expresse o desejo represado da sociedade durante o governo militar, é de se reconhecer que o Brasil conquistou um Estado de Direito.

As instituições estão sólidas e, se exercidas por homens de bem, como dizia Chico Xavier, o Brasil será uma grande nação.

A Operação Lava-a-Jato, as prisões de corruptores e corruptos, a limpeza que o Estado brasileiro precisa, apenas se faz possível porque o Brasil conquistou seu Estado de Direito e porque há homens de bem.

Não obstante estarmos no momento adequado para que a Constituição Federal seja revisada, não obstante haver um imenso espírito corrupto danoso incrustrado na sociedade brasileira, o Brasil tem expectativa de futuro porque a sociedade deseja um país decente, um país Ficha Limpa e temos homens de bem.

Vamos devolver o Poder ao Povo!

PLANEJAMENTO URBANO NO BRASIL

Quando iniciei minhas atividades profissionais, a cidade tinha um zoneamento que respeitava o direito de propriedade. Cada proprietário poderia dispor de seu imóvel e nele poderia edificar através de um múltiplo sobre a área do terreno, dependendo de sua localização e uso.

Passadas algumas décadas e experimentos de governos de inclinação socialista, o direito de propriedade foi abalado. Hoje pode-se construir apenas uma vez a área do terreno, sendo que o direito adicional deve ser exercido apenas se houver um pagamento ao Município.

Criou-se um verdadeiro tributo sobre a edificabilidade. Avançou-se no bolso do paulistano e, pior, encareceu-se a moradia na capital de São Paulo prejudicando os mais pobres.

Não seria de esperar diferente comportamento de governos de inclinação socialista. A História mostra que os governos socialistas empobrecem as populações, fazem demagogia com o dinheiro dos outros e criam entraves para os mais pobres.

Mas o que deveria ser feito na cidade de São Paulo?

Obviamente que o problema urbano de São Paulo passa por um novo caminho ideológico respeitando o direito de propriedade e usando da capacidade empreendedora dos particulares para exercício do direito constitucional da livre iniciativa em benefício social.

O direito de edificar sobre os terrenos deveria ser revertido aos proprietários extinguindo-se esse imposto disfarçado chamado de "Outorga" e, em localidades com favelas, dever-se-ia oferecer um prêmio à iniciativa privada, dando maior edificabilidade ou capacidade construtiva, sem qualquer cobrança de nenhuma natureza. Esta proposta prevê projetos colaboradores com o desaparecimento das favelas, propiciando no local a geração de residências, a fim de que os ocupantes tivessem moradia decente e, consequentemente, se desse o nascimento de bairros planejados com comércio e serviços completos, evitando que seus usuários e moradores tivessem que se deslocar para outro bairro procurando satisfazer suas necessidades.

Ao invés de ter o Poder Público responsável por executar planos de urbanização, sabendo-se que ele é perdulário, improdutivo e estimulador da corrupção, por que não deixar os particulares executarem planos urbanísticos com eficiência e com geração de riqueza promovendo a evolução da sociedade?

Chegou a hora de dar um basta aos que apenas desejam impedir que a sociedade gere riqueza e desenvolvimento.

O problema do planejamento urbano em São Paulo passa por uma mudança de postura ideológica, com respeito ao cidadão; trata-se de uma opção que extinguiria as favelas com a geração de moradias humanizadas aos paulistanos mais carentes, além de conter o crime organizado existente nesses amontoados de barracos.

Os demagogos são os culpados por "urbanizar favelas" perpetuando-as e mantendo-as apenas para conseguir votos.

As favelas devem ser substituídas por bairros planejados e com moradia decente permitindo que os brasileiros de todas as classes sociais convivam de modo saudável e harmonioso.

É hora de acabar com a demagogia. É hora de mudar São Paulo.

Vamos devolver o Poder ao Povo!

JUSTIÇA INDEPENDENTE

O povo brasileiro foi surpreendido em dezembro de 2015 com uma decisão do Supremo Tribunal Federal (STF) acerca do processo de "impeachment" que está em andamento no Câmara dos Deputados. Segundo inúmeros juristas a decisão foi incorreta e parcial.

Vários ministros do STF são profissionais com íntimas ligações com o Partido dos Trabalhadores, ou seja, com o partido político da presidente Dilma, alvo de impeachment.

Portanto, a decisão surpreendente traz a sensação de dependência, de injustiça.

Então a nação coloca suas vistas não apenas para o STF, mas também para todo o Poder Judiciário.

Há os que acusam o Poder Judiciário de conviver com a corrupção como o resto do país. Há os que bradam contra os privilégios dos que nele trabalham.

Além de aposentadorias em níveis elevados, mantendo os mesmos vencimentos de quando estavam na ativa, há privilégios como carros oficiais, períodos de férias maiores que dos cidadãos comuns, sem falar em "carteiradas", sempre frequentes pelo interior do país.

Recordo-me de um relato do Dr. Ives Gandra Martins, quando esteve com um Juiz da Suprema Corte norte-americana na companhia do então Ministro do STF Nelson Jobim. Perguntou o Ministro Nelson Jobim ao Juiz da Suprema Corte quais os seus privilégios e a resposta foi simples: "tenho uma vaga no estacionamento com meu nome".

Por que um juiz, desembargador ou ministro de tribunal superior deve ter privilégios? Por acaso são semi-deuses? O que os diferencia do resto na nação? São cidadãos de primeira classe?

Há vários deles que são indicados por políticos. É o caso de ministro do Supremo Tribunal Federal que é indicado pelo Presidente da República.

Por que não seriam indicados através de eleição dentre os membros do Poder Judiciário? O que habilita o Ministro Dias Toffoli a ser ministro do STF? Ter sido advogado do PT? Ricardo Lewandowski foi meu professor. Era assistente do Prof. Dalmo Dallari, um petista declarado de primeiro momento. Lewandowski sempre defendeu os interesses do PT. Isso o habilitou a ser indicado ministro do STF?

Como podemos admitir que a Justiça será feita se muitos de seus membros são acusados de corrupção ou de imparcialidade?

É verdade que há muitos profissionais íntegros, honestos e corretos e que seguramente permaneceriam iguais sem privilégios.

Não há sociedade civilizada sem Justiça rápida e imparcial. Por isso o símbolo da Justiça é uma senhora de olhos vendados, ou seja, não vê e não diferencia os que pelejam e trata a todos igualmente.

O STF deixa claro que precisamos reformular o Poder Judiciário. É necessário que não haja privilégios. É necessário que juizes, desembargadores e ministros sejam cidadãos com os mesmos direitos de todo cidadão. E que sejam concursados e, nas instâncias superiores, eleitos por seus pares.

A Justiça tem que ser Independente.

Vamos devolver o Poder ao Povo!

FUNCIONALISMO PÚBLICO DEVE SERVIR AO POVO

O Estado é um ente jurídico que foi criado para dar organização à sua natureza política. É uma entidade com poder soberano para governar um povo em determinado território. Os agentes que atuam em nome do Estado, na sua administração, são servidores públicos.

A função, portanto, do servidor público, é participar da gestão estatal de forma direta.

Em uma democracia são os funcionários públicos que beneficiam a sociedade dando aos particulares as ferramentas para que executem seus planos, seus contratos, sempre constituídos sob o império da lei.

Numa Ditadura os funcionários públicos são aqueles que auxiliam o ditador a expandir sua vontade.

Na sua essência o termo funcionário público ou servidor público, como também é denominado, transmite a noção de que se trata de um agente a serviço do povo com o objetivo de servir ao povo.

Mas será que é isso que temos no Brasil?

A estrutura da administração pública, permitindo a contratação de funcionários sem concursos, pratica a inversão de valores. Aqueles que estudaram, se diplomaram e se propuseram a auxiliar a sociedade com um cargo público, na maioria das vezes fica sujeito à obediência de ordens superiores de não concursados, despreparados; no entanto, por serem indicados por políticos com objetivos próprios, infelizmente, divergem dos interesses sociais.

Apenas para constatarmos a grandiosidade dessa inversão de valores utilizo-me de exemplo oferecido recentemente pelo Prof. Ives Gandra da Silva Martins. Disse ele em uma palestra aos membros do Partido Novo em São Paulo que o governo da Angela Merkel tem 600 servidores não concursados, que o governo do Barak Obama tem cerca de 4.000 funcionários não concursados e o da Dilma tem quase 131.000 profissionais públicos sem concurso.

A inversão de valores é algo que deve acabar no Brasil! Tomando como exemplo a Alemanha, independente do partido político que assume o governo, é com os funcionários públicos, todos concursados, que se administra o país. Há burocracia profissional que funciona. Dentre os mais qualificados é que os mandatários da nação escolhem seus assessores.

Tomando Cingapura como exemplo, a remuneração dos funcionários públicos é composta por um piso mínimo e um bônus, sendo que o bônus é calculado com base no crescimento do PIB. Se a economia do país cresce, se o país fica mais rico, deve-se também ao trabalho dos funcionários públicos que ajudaram aqueles que são os criadores de riqueza, ou seja, o setor privado.

Quando será que teremos o funcionalismo público atuando em benefício da sociedade no Brasil?
Quando o funcionalismo público for efetivamente valorizado com orientação de seu trabalho em benefício da melhoria da qualidade de vida da população e comprometidos com o desenvolvimento econômico-social, poderemos dar um grande salto ao futuro promissor.

Vamos despolitizar o funcionalismo público.

Vamos devolver o Poder ao Povo!

DIREITO À MANIFESTAÇÃO PÚBLICA

Outro dia estava a trabalho em Nova York e presenciei uma greve na construção civil. Havia um cercado que ocupava metade da calçada e todos os manifestantes estavam dentro do cercado ostentando suas placas com suas reclamações. A cidade seguia seu rumo diário. O trânsito não era atrapalhado pela manifestação e nem sequer os transeuntes eram impedidos de caminhar pelas calçadas.

Os manifestantes não precisavam e sequer poderiam atrapalhar a vida das outras pessoas, porque liberdade é um bem tão importante que se limita ao ponto no qual se pode adentrar à liberdade do outro. É o bem maior propugnado pela Constituição Norte-Americana.

E aqui no Brasil? É uma bagunça! Procura-se obter atenção da sociedade atrapalhando-a e não colocando argumentos para que a sociedade fique ao lado dos manifestantes.

Quer obter algum benefício? Exigir algum direito?

Externar teu pensamento? Reúna-se em um local público, tendo a autoridade sido informada, e exerça teu direito à manifestação de pensamento sem atrapalhar a vida do outro. Afinal, perturbando a vida do outro é certo que a sociedade não vai ficar do teu lado.

É assim no Brasil.

Contudo, não é assim que deveria ser.

A Constituição Federal em seu artigo 5º diz que todos podem se reunir pacificamente em locais públicos e é livre a manifestação de pensamento. Mas onde está escrito que você pode atrapalhar a vida dos outros? Parar uma avenida? Interromper uma rodovia? Desde quando uma via pública é um local público para manifestação? Um parque, uma praça ou um terreno baldio pertencente à municipalidade deveria ser entendido como local adequado para uma manifestação. Até uma meia-calçada, como vi em Nova York, desde que sem atrapalhar a vida dos outros.

Liberdade é um bem extremamente valioso. Deveria ser a virtude basilar de qualquer sociedade, principalmente daquelas que querem ser democráticas. E, como aprendemos com nossos pais, a liberdade de um termina quando começa a liberdade do outro. Isso significa respeito ao próximo!

É isso que tem sido praticado pelos governos estaduais e municipais do país? Não! PT, PSDB, PMDB, entre outros são partidos que nunca defenderam os interesses do povo trabalhador que deseja efetivamente produzir.

Direito à manifestação deve ser defendido e exercido com responsabilidade e respeito. A começar pelas autoridades públicas! Mas as autoridades têm permitido arruaças e bagunças generalizadas. Autoridades sem compromissos com o país!

Está na hora de mudarmos a forma de governar o Brasil.

Vamos devolver o Poder ao Povo!

PREMIANDO A HONESTIDADE

Ninguém discute o princípio da honestidade. É unânime que ser honesto é obrigação. O pecador vai para o inferno, diz a Igreja. O que se faz de mal nesta vida é retornada ao ser humano com nova encarnação, dizem os espíritas. A punição é o instrumento aplicado contra os desonestos. Mas por que os desonestos se multiplicam?

Nossos avós diziam que se os malandros soubessem que a grande malandragem é ser honesto não haveria desonestos.

Será? A punição realmente é aplicada? Com muitos policiais e delegados corruptos? Com políticos mal-intencionados povoando as máquinas públicas com nomeados sem concursos? Com a multiplicação de estatais dirigidas por indicações políticas? Com parte do Poder Judiciário corrupta? Com processos que demoram décadas para serem julgados até último recurso?

Então é hora de virar a página. É hora de fazer uma reengenharia social.

Vamos premiar os honestos?

Por que não se pensa em reverter parte das penalidades das multas de trânsito em benefício daqueles que não tomaram multas? Por que não se considera premiar o contribuinte que delata o fiscal corrupto, dando-lhe créditos fiscais? Por que não se premia o fiscal que prova a tentativa de suborno por contribuinte mal-intencionado? Por que não se premia o munícipe que mantém sua moradia adequadamente? Por que não se reverte os benefícios dos planos de pensão dos juízes e promotores corruptos em benefício dos seus pares honestos?

Ser honesto é o comportamento correto. Faz parte de princípios básicos de convivência, aliás, que também se alinha em todas as religiões. As pessoas se sentem bem agindo dessa forma. As pessoas boas gostam de fazer o bem.

Mas nossa sociedade é vilipendiada diariamente por assistir a desonestos tirando proveito por meio de falcatruas, atitude que os levam a ridicularizar a sociedade, uma vez que ela não consegue aplicar punição justa a tempo.

Há duas formas de induzir comportamentos: um é ameaçando mediante punição e o outro é incentivando através de premiação.

A punição deve sempre continuar e seus processos devem ser aprimorados, visando fazer justiça rapidamente e dando direito de defesa ao acusado. A Operação Lava-a-Jato é um exemplo a seguir. Mas a premiação independe de a punição ser ineficiente. É uma obrigação social parabenizar o honesto, pois são esses exemplos que podem fazer uma mudança cultural em nosso país.

Está na hora de mudarmos a forma de governar o Brasil. Temos que devolver a todos o orgulho de serem brasileiros.

Vamos devolver o Poder ao Povo!

A FORÇA DA DEMOCRACIA BRASILEIRA

A sociedade brasileira demonstra seu desejo por democracia cobrindo as ruas do país com manifestações que clamam por Justiça, Obediência à Lei e à própria Democracia.

Com a ética dos apaixonados observam-se também ofensas públicas nas redes sociais, como consequência da desintermediação e empoderamento que a tecnologia moderna ofereceu à sociedade atual.

Seja a favor de um lado, ou seja a favor de outro, há que se reconhecer que a briga pelo Poder através da força não se vê nas ruas. O que seria típico de uma republiqueta que não se vê no Brasil. O Brasil evoluiu e abriga população que valoriza a democracia.

E é pela democracia que a briga pelo Poder está nas ruas, com a pressão da vontade do povo, único originador do Poder representativo. É a força das ruas, dos vários milhões que foram mostrar aos governantes o desejo por honestidade, integridade e futuro digno, que procura mover os representantes do povo.

A tentativa de influenciar os políticos a tomarem atitudes que o povo julga correta é legítima e, por incrível que seja, é contra o sistema político vigente, reconhecido como corruptor, perdulário, irresponsável e inconsequente.

Há muitos que perdem a esperança, mas se chegou a um determinado ponto de indignação que a esmagadora maioria da população não consegue tolerar. A única forma é mostrar que, como diz nossa Constituição, "todo poder emana do povo e em seu nome deve ser exercido".

Como mudar o sistema se utilizando dos políticos que nesse sistema convivem e se alimentam?

São os formadores de opinião e a resposta da classe média brasileira à situação atual que força os gabinetes, do Executivo e do Legislativo, a trabalharem sem parar. O Judiciário também tem se envolvido e, de certa medida, tem sido um mensageiro para a indignação. São tantos processos criminais envolvendo altas autoridades da República, grandes empresários e políticos de todos os níveis que as ações investigativas do Ministério Público e as decisões condenatórias são anunciadas quase que diariamente.

O Brasil está em momento de ebulição, suas estruturas estão se revolvendo, o povo ganha as ruas com vigor e paixão e busca uma nova ordem social, uma nova forma de exercício do Poder em seu verdadeiro e legítimo nome.

Essa é a força da democracia brasileira. Seguramente o Brasil sai revigorado a cada dia que um criminoso é sentenciado, mas sairá mais forte com uma reorganização política que veremos em breve.

Vamos devolver o Poder ao Povo!

O EXTREMO CENTRO

Desde os bancos da escola de Direito no Largo de São Francisco acompanho o sectarismo de esquerda e de direita. A divisão dos pensamentos ideológicos em lados opostos marcando os regimes comunista e fascista como de extrema esquerda e de extrema direita e colocando a democracia no centro das discussões.

O que faz com que os extremos se tornem parecidos?

No comunismo o Estado está no centro de tudo. No fascismo há veneração ao Estado. No comunismo há um líder abençoado. No fascismo o líder é o pai da nação.

Não há democracia em ambos os regimes. As liberdades são limitadas, onde existem.

No campo econômico, inicialmente, os comunistas admitiam tudo sob o controle do Estado, mas passaram a considerar a economia mista. Os fascistas adotavam a economia mista.

O que torna então comunistas e fascistas diferentes? Hoje em dia absolutamente nada. São iguais, igualmente cegos às verdadeiras necessidades do povo; são iguais, igualmente sedentos de Poder para si com o objetivo de governar a vida dos outros desrespeitando o livre arbítrio, as liberdades individuais e alegando que tudo se faz em nome do bem coletivo.

O PT, Lula e Dilma agem como fascistas, mencionou outro dia um amigo. Ele está certo. Há desrespeito ao povo. Tratar a sociedade como um grupo de idiotas repetindo palavras de ordem tentando fazer com que suas mentiras se tornem verdades pela repetição é uma ofensa ao cérebro humano. É uma ofensa a todos os brasileiros.

O brasileiro está desejoso de Liberdade. Saímos de um governo totalitário militar, passamos por uma fase embrionária de democracia e agora vivemos a farsa petista.

O brasileiro quer ser respeitado. Quer que seu dinheiro, hoje sugado em forma de inúmeros tributos pelo Estado, seja bem utilizado e lhe retorne em forma de serviços de qualidade como educação e saúde; que ajude os menos os necessitados a se tornarem cidadãos de respeito, permitindo-lhes emprego honesto e capacidade de ascender socialmente por seu esforço, por seu mérito.

Ao mesmo tempo quer ser menos explorado e pagar menos impostos, quer testemunhar o Poder Judiciário isento e verdadeiramente justo, que saber que a polícia não é corrupta, quer ver as cidades com serviços de transportes eficiente.

O brasileiro quer ter o direito de ganhar o seu dinheiro e de fazer dele o que desejar. De poupar, de gastar com estudos, viagens, casa na praia. O brasileiro quer ter o direito de ascender socialmente por seu esforço.

O brasileiro quer que programas sociais sejam implementados sempre e quando ajudem as pessoas a se libertarem de condições degradantes e que lhes permitam seguir adiante com suas próprias pernas.

O brasileiro quer que a Liberdade, a livre iniciativa e as ações dos particulares sejam valorizadas.

O brasileiro quer a vida em equilíbrio. O brasileiro quer o extremo centro.

Vamos devolver o Poder ao Povo!

O IMPÉRIO DA LEI

Há algo muito errado quando todos os dias, há mais de dois anos, as notícias estão repletas de anúncios bombásticos de casos de corrupção.

Presidente da República sendo alvo de impedimento constitucional. Presidentes das duas casas do Congresso Nacional denunciados por crimes pelo Procurador Geral da República. Metade dos membros do Congresso Nacional envolvidos, citados ou claramente participantes ativos de casos de corrupção.

Nunca a Justiça foi tão acionada e tão exposta à população nos noticiários.

Provavelmente poucos conheciam os ministros do Supremo Tribunal Federal. Hoje poucos são os que não conhecem os nomes dos principais ministros do STF. E há uma razão para tanto. A Constituição Federal traz o princípio de que nenhuma lesão de direito ou ameaça ficará afastada da apreciação do Poder Judiciário que, por sua vez, está subordinado ao princípio do Império da Lei.

Em outras palavras, cabe ao Poder Judiciário apreciar os casos de lesão ou ameaça de lesão de direito, sendo que lhe cabe aplicar a lei. O Brasil constitui-se em Estado Democrático de Direito.

Mas antes não era assim? Não temos a mesma Carta Magna desde 1988? O que mudou?

O povo amadureceu. O mesmo povo "adolescente" que despertou para os ares da Liberdade após uma longa noite de ditadura e que colocou todas as suas aspirações na Lei Maior, cresceu, visitou outros países, ampliou seu nível educacional e cultural, e passou a aspirar pelo respeito às leis.

Em 1.992 foi às ruas para gritar contra o império da corrupção e retirou o Presidente Fernando Collor de seu trono.

Em 2.013 o povo voltou às ruas e não mais saiu. Já faz três anos seguidos que uma nova geração exige Liberdade e que a geração das Diretas Já permanece atenta.

Essa nova geração trouxe o Juiz Sérgio Moro à tona, bem como um grande grupo de membros do Ministério Público. A geração das Diretas Já fez com que os ministros do STF, mesmo indicados por políticos de duvidoso patriotismo, assumissem suas condições de altos funcionários a serviço da nação, inamovíveis e donos de seus destinos.

Políticos passaram a frequentar as prisões federais. Altos executivos e donos de grandes empresas - em negócios com governos - foram pegos. Hoje temos todo tipo de marginal nas mãos da Justiça.

É verdade que a Justiça não se comporta livre em todos os cantos do país. Há recantos que mais se assemelham a regimes feudais que à democracia escrita em nossas leis. Há locais nos quais os governantes se sentem verdadeiros donos da coisa pública.

Mas há partes do Brasil cujo povo brada por Liberdade e Justiça, único caminho para a verdadeira Democracia, em que todos são verdadeiramente iguais perante a Lei.

Que venha o perfeito Estado de Direito. Que venha o Império da Lei!

Vamos devolver o Poder ao Povo!

HIPOCRISIA OLÍMPICA

Foi uma grata surpresa assistir à abertura dos Jogos Olímpicos do Rio de Janeiro. Elegância, preocupação com a sustentabilidade, com o planeta e a História do Brasil se misturaram num espetáculo atraente, plasticamente bonito e inteligente.

O mundo se maravilhou com o evento e palavras positivas foram repetidas em todos os cantos do globo.

Personalidades repetiram chamados de paz e união entre os povos.

Deu-se um momento mágico: o público, presente ao estádio do Maracanã, e todos os telespectadores do Brasil, se animaram e sentiram orgulho do país, finalmente.

Mas esse mesmo público sabia que estavam acomodados em obra pública fruto de corrupção; que os estádios edificados para os Jogos Olímpicos, que as obras de infraestrutura realizadas em nome das Olimpíadas e tantos outros gastos com recursos públicos haviam sido, provavelmente, objetos de atos corruptos, como largamente divulgados pela imprensa.

Esse mesmo público que reclama das injustiças e que clama por igualdade era composto por políticos, empresários, juízes, militares, funcionários públicos, enfim, por uma diversidade de pessoas que reclamam dos privilégios... dos privilégios dos outros.

Os que desejam uma reserva de mercado, os que não abrem mão do "vale paletó", os que exigem "vale moradia", os que não admitem terem aposentadoria como a maioria regular dos brasileiros, esse era o povo que lá estava. Misturados aos brasileiros comuns, que trabalham honestamente, que carregam o país nas costas, que pagam todos os tributos que sustentam os privilégios dos cidadãos que se pensam de primeira classe, lá estavam os hipócritas se maravilhando com o espetáculo.

Não muito distante do Maracanã, em comunidades carentes, controladas pelo crime organizado ou por milícias armadas, símbolo óbvio da ausência do Estado, lá estavam brasileiros jogados à própria sorte, também assistindo aos Jogos Olímpicos pelas emissoras de televisão alimentadas por ligações irregulares de energia e de tv a cabo, sem saber que os responsáveis por suas mazelas estavam olimpicamente orgulhosos deles próprios.

Seria de uma grandeza olímpica se todos os brasileiros aceitassem verdadeiramente serem iguais perante a lei. Que todos fossem tratados igualmente sem privilégios e que qualquer privilégio fosse objeto de punição. Que todos fossem virtuosos e vissem no outro seu próprio complemento.

Não há Fraternidade sem Igualdade. E não há Igualdade sem Liberdade.

Está na hora de mudar o país.

Vamos devolver o Poder ao Povo!

O PAÍS DOS DROMEDÁRIOS

Há cerca de uma década, eu estava em uma reunião de conselho presidida pelo Dr. Ozires Silva. Eu, como asset manager, defendia a aprovação do orçamento anual de um importante hotel de luxo de São Paulo. Esperava que todo o esforço que eu havia feito nas negociações com o operador hoteleiro fosse reconhecido pelos investidores reunidos naquela reunião.

Esforcei-me para explicar em detalhes sobre o mercado, seus desafios, posicionamento do hotel etc. Inclusive porque os investidores institucionais estavam ali representados por profissionais não especializados. Então meu desafio era maior.

Quando acabei de fazer a explanação concedi a palavra para perguntas. E eis que as mais estapafúrdias questões foram colocadas em discussão. Eu mal iniciava uma resposta, e tentava orientar o raciocínio, e outro conselheiro engatava na conversa do outro com ponto sem relação com a matéria em discussão. Quando silogismos imperavam na sala, o presidente do conselho pediu a palavra; todos ficaram em silêncio. Então perguntou: "Alguém sabe me dizer o que é um dromedário?"

Todos ficaram parados, inertes, sem entender nada, literalmente boquiabertos.

Aí o Dr. Ozires respondeu "é um cavalo feito em uma reunião com decisão por consenso".

Paulatinamente os conselheiros foram se acomodando em suas cadeiras e o silêncio retornou ao ambiente. Foi quando o presidente colocou o orçamento em votação e as discussões foram produtivas e o orçamento foi finalmente aprovado.

Qual o aprendizado dessa história? Como se aplica para o Brasil?

Infelizmente, a vida da nação é endereçada nas discussões que partem de pontos errôneos e, portanto, chegam a destinos inadequados.

Para que "Vale Paletó"? E o "Vale Moradia"? "Cotas Raciais" para privilegiar alguns em nome de seus antepassados? Por acaso seria então justo entregar o governo da Alemanha aos judeus para reparar um passado que já está escrito e nada vai mudá-lo?

Com o argumento de que uns precisam de mais que outros e considerando que o brasileiro é tolerante, privilégios foram sendo edificados em nossa legislação e destruindo o futuro da nação. Pouco a pouco roubando a poupança popular. Pouco a pouco aumentando o endividamento. Pouco a pouco desestimulando a saudável competição e destruindo a meritocracia.

Hoje a Previdência Social consome mais de 25% do orçamento da União Federal, sendo que cerca de 75% dos recursos são empregados para beneficiar apenas cerca de 25% dos pensionistas.

Hoje 51% das vagas nas universidades federais estão reservadas para cotistas, ou seja, para privilegiados. Quem não é funcionário público, quem não é agraciado com alguma cota, é um cidadão de segunda classe? Onde está o verdadeiro sentido da Igualdade?

Está na hora de acabar com o país dos dromedários.

Vamos devolver o Poder ao Povo!

SINDICATO: PARA QUEM?

Durante a greve dos bancos. eu precisava de recursos que excediam o limite dos caixas automáticos. Então fui à uma agência, das poucas, que estava aberta.

Não tinha fila e fui rapidamente atendido. A caixa foi tremendamente simpática e perguntei se ela era a favor da greve. Ela respondeu que a greve não era dela, era do sindicato.

Como assim? perguntei.
De forma simples ela explicou que a greve servia para os bancos medirem o quanto as agências e o trabalho das pessoas eram necessários. Se a greve não afetasse o atendimento e os negócios, então essa era a resposta para os banqueiros. Poderiam fechar agências e demitir funcionários.

Para ela, a greve era um teste que privilegiava os banqueiros; que o sindicato era um instrumento dos banqueiros; que o sindicato não representava os interesses dela.

É nesse momento que devemos parar para pensar sobre o nosso sistema sindical.

Os sindicatos são sustentados por contribuições obrigatórias. A remuneração de um dia do ano do profissional é devida ao sindicato, por determinação legal. Todos pagam. Os sindicatos apenas recolhem o dinheiro. Não precisam se esforçar para agradar os sindicalizados, os associados. Os dirigentes sindicais apenas precisam fazer política para se manterem em seus cargos.

Será que se a filiação ao sindicato não fosse obrigatória os profissionais fariam essa contribuição? A funcionária-caixa que conheci, creio que não. E os outros bancários? O bom senso me diz também que não.

Se a contribuição sindical fosse voluntária, seguramente, os sindicatos seriam obrigados a prestar serviços aos associados e esses serviços deveriam ser reconhecidos para estimular a afiliação aos sindicatos.

Liberdade! Simples. Permitindo que os profissionais escolham seus caminhos as relações viram voluntárias. Obrigar para quê? Quem se privilegia na relação obrigatória de pagamento de contribuição sindical?

Está na hora de mudar a política sindical. Está na hora de darmos liberdade aos profissionais para escolherem seus caminhos de representação.

Vamos devolver o Poder ao Povo!

SOCIALISMO SELVAGEM

Qualquer forma violenta de imposição de vontade é uma afronta à democracia e desrespeito à humanidade.
A conquista da paz e de respeito ao pensamento alheio deve-se a muitos heróis que deram suas vidas pela Liberdade.

Em todos os cantos do planeta há histórias de homens que foram enforcados, mutilados, assassinados por flechas, tiros, espadas... E o único beneficiário das ações desses heróis foi a humanidade, apenas a humanidade...

No Brasil, gritos de Liberdade ecoam até hoje nas cidades históricas das Minas Gerais, na Capitania de Pernambuco, no litoral baiano e nos corações dos paulistas, entre outros.

Respeitar a virtude da Liberdade é honrar os heróis do passado. Valorizar a Liberdade com respeito é uma forma de homenagear a evolução do ser humano.

Permitir a divergência de opiniões é respeitar a Liberdade.

Tentar impor ideias, comportamentos ou forma de pensamento, que não seja pelo diálogo, é um ato de violência abominável.

Fascistas e comunistas têm em comum o desprezo à democracia, têm em comum o uso da violência como atitude de governo pelo desprezo à Liberdade.

Ainda que os regimes totalitários tenham perdido relevância no planeta, infelizmente há seres humanos que agem apaixonadamente por suas ideias, ultrapassando os limites do respeito ao próximo.

Estudantes invadindo escolas e impedindo professores de lecionarem e de alunos estudarem, camponeses espoliando terras de fazendeiros impedindo-os de produzir e de cumprir com suas tarefas, homens encapuçados depredando patrimônio alheio nas grandes cidades, tudo em desrespeito às leis, em desrespeito ao Estado de Direito...

O uso da violência é a maneira mais fácil de perda da razão.

Os últimos 150 anos da História neste planeta ensinam que o socialismo é, na prática, a busca da Igualdade através da supressão da Liberdade e que a sociedade livre, democrática, é a única que diminui desigualdades, já que a Igualdade ideal é aquela que coloca a todos com os mesmos direitos e deveres: todos iguais perante a lei!

Vamos devolver o Poder ao Povo!

CARTA RASGADA

O povo inglês deu uma lição ao mundo quando, em 1,215, exigiu de seu rei um documento que desse direitos aos cidadãos. Esse documento foi a Carta Magna.

Modernamente designa-se por Carta Magna a principal lei de um país, a Constituição, que é a Lei Maior.

Graças à evolução do Direito (e à famosa teoria de Hans Kelsen) criaram-se distintos níveis de regras sociais.

Há leis complementares à Constituição Federal, há leis ordinárias, há leis que delegam poderes a entes públicos, há Decretos, atos administrativos de autoridades, enfim, há uma série de tipos de regras que se colocam em níveis distintos.

A hierarquia determina que o nível abaixo deve seguir o ordenamento da lei superior e nunca contradizê-la, sob pena de ser inconstitucional, no caso de se afrontar a Constituição.

Muitos países têm Constituições simples, estabelecendo apenas princípios, como a dos Estados Unidos da América. Há países como o Brasil que mantêm a Constituição Federal como uma coletânea de desejos, incluindo todo tipo de tema.

De qualquer forma, a Lei Maior nunca deve ser confrontada por qualquer lei, decreto ou ordenamento administrativo. Nunca. A soberania da Constituição dá estabilidade à sociedade.

Mas não é o que ocorre no Brasil.

Diz a Constituição que nenhum servidor público pode ter remuneração superior à do Presidente da República, mas a imprensa acaba de publicar que há mais de 10.000 magistrados que recebem mais que o teto constitucional.

Diz a Constituição Federal que todos são iguais perante a lei sem qualquer distinção, mas os aposentados do setor privado não recebem aposentadorias integrais como recebem os do setor público.

Para que serve a Carta Magna se os grupos de interesses que se alojam como agentes do Estado vivem a criar privilégios e benefícios que colocam os outros cidadãos como se fossem de segunda classe? Será que é porque quase todos do Poder Judiciário são beneficiários e, por isso, interpretam a Constituição como desejam?

Não há povo civilizado sem que a Carta Magna seja obedecida, que se tenham leis justas e que o Judiciário use o seu Poder de Polícia para que as leis sejam obedecidas.

Vamos devolver o Poder ao Povo!

RESPEITO À ÉTICA NO BRASIL

Uma das aulas de direito que mais me lembro foi proferida pelo Prof. Goffredo da Silva Telles Jr. Exatamente sobre ética.

Ensinava ele que ética é uma palavra que vem do grego "ethos", cujo significado é costume. Então ética é definida por um povo baseado em seus costumes. Os esquimós tinham por hábito entregar suas mulheres aos visitantes. Os hindus têm por costume não cumprimentar com uma das mãos. No Japão a mulher andava um passo atrás do marido. Para os árabes, pune-se com amputação da mão o ladrão.

Cada povo tem seu costume, tem sua ética.

Dentro de um mesmo país há dialetos distintos. Na China, por exemplo, a língua oficial é o mandarim, cujo significado é "língua comum". Mas há centenas de dialetos que, por consequência, impõem aos povos costumes diversos.

Na Espanha a língua comum é o castelhano. Mas o reconhecimento do povo espanhol sobre as diferenças entre eles se dá com os inúmeros dialetos que se encontram da quase portuguesa Galícia à quase árabe Maiorca, passando pela belicosa Catalunha.

O Brasil é um país que tem suas diferenças. Desde a época da Coroa Portuguesa tenta-se fazer do povo um só. Impõem-se as mesmas leis, os mesmos tribunais e as mesmas penas. Mas é óbvio que cada canto do Brasil tem costumes diferentes.

A pena de morte é privada em alguns estados do norte-nordeste. Tem matador como profissão e preço de morte, o produto. No sul, o espírito cooperativista é generalizado, principalmente no Rio Grande do Sul, berço dos imigrantes italianos que trouxeram as ideias fascistas exportadas pelo país afora por Getúlio Vargas, como a Consolidação das Leis do Trabalho, cópia da Lettera del Lavoro. O capitalismo corre nas veias dos paulistas.

O "senhor de engenho" ainda existe no sentimento do povo de alguns estados do nordeste, bem como há "donos de sesmarias" na região norte.

Estamos na época de reconhecer a diversidade e respeitá-la.

Não há mais uma organização de comunicação que possa sozinha, dirigir a opinião pública. A Globo representou esse papel antes da internet e do "streeming". Hoje a informação é distribuída pelas redes sociais. Não há mais espaço para controle do pensamento ou represamento da informação ou o esconder da verdade.

Se o Brasil quer ser uma nação desenvolvida é necessário respeitar os costumes de cada povo e permitir que o "feudalismo" nordestino, que o "socialismo" sulista, que o "capitalismo" do sudeste, que a "nobreza" das sesmarias do norte e que a indefinição do centro-oeste possam se manifestar livremente.

É chegado o momento de permitir que cada Estado do Brasil seja verdadeiro e possa legislar sobre temas civis, criminais e tributários. Que o Brasil seja uma verdadeira federação e que a União Federal tenha funções readequadas e, claro, com menos recursos.

Vamos devolver o Poder ao Povo!

BRASIL: PAÍS ILHADO

Quando os portugueses fincaram a bandeira do reino luso em nossas terras, resolveram habitar o litoral olhando o Oceano Atlântico.

Os espanhóis fincaram bandeira em outras paragens à oeste, apreciando o Oceano Pacífico.

Como a América do Sul apresenta grandes dimensões, não apenas gigantescas distâncias separaram povoados do continente, mas acidentes naturais ajudaram a separá-los mais ainda. De um lado, estavam as Cordilheiras dos Andes a rasgar o território de norte a sul. Mais ao norte, a floresta amazônica e, mais ao sul, as regiões pantanosas, o famoso Pantanal.

A integração continental ficou prejudicada. O gaúcho se espalhou no sul e ocupou uma parte do Uruguai, uma parte do Brasil e uma parte da Argentina, mas isso é a famosa exceção para confirmar a regra geral.

Então os portugueses perceberam que nas terras brasileiras, tudo o que era necessário para a sobrevivência estava disponível: água, comida, energia e em clima agradável.

Se tudo se produzia e se a sobrevivência estava assegurada, não havia razão para a busca de trocas com terceiros, distantes vizinhos.

Assim o Brasil se tornou um país fechado, com pouco relacionamento internacional. Por isso poucos falam uma segunda língua.

Quando o mundo está em progresso, o país não se beneficia. Quando há uma grande crise, o país não sofre muito.

Ao longo de 500 anos, o povo adquiriu costumes próprios e, graças à miscigenação de colonizadores, índios, escravos e imigrantes, cada parte do Brasil criou sua própria ética.

Daí ainda existirem senhores de engenho no nordeste "feudal", nobres titulares de "sesmarias" no norte, sulistas que consideram que tudo deve ser feito pelo Estado e os capitalistas do sudeste. No centro do território os indecisos do centro-oeste...

A tradição de um Estado forte trouxe segurança às multinacionais que se instalaram no país. Mas está na hora de deixarmos o povo seguir seu caminho e fazer do Brasil um país pujante e rico.

Quanto maior o Estado, menor o indivíduo e mais pobre a sociedade.

A integração do Brasil ao mundo é um processo natural como consequência do empreendedorismo do povo. Só há iniciativa com Liberdade.

Vamos devolver o Poder ao Povo!

O PODER NO BRASIL

O homem, desde o princípio, foi obrigado a subjugar outros animais para sobreviver. Pela sobrevivência, foi obrigado a se defender de invasores subjugando-os com a vitória. O exercício do Poder sempre esteve relacionado à sobrevivência, subjugando ameaças.

Ao homem foi concedido o livre arbítrio e, em sua evolução, tem dominado a besta que vive dentro de si. Aboliu a escravatura, tornou a cidadania universal e limitou certos direitos individuais que feriam direitos de terceiros. Mas essa história ainda é muito recente perante vários milênios de barbárie que ainda é carregada no gene humano.

A História do Brasil é um reflexo disso.

Primeiro chegaram donos das sesmarias, espécie de zeladores com poder de polícia, que deveriam impedir ataques ao território conquistado. Depois, multiplicando interessados em defender a Coroa, foram enviados os colonizadores para retirar as riquezas da Colônia, instaurando o modelo de usurpação local para o Poder Central. Para sua proteção o rei implementou um círculo de beneficiários para lhe proteger: a nobreza e os amigos do rei.

Tributos eram exigidos dos colonos para sustentar a estrutura real que, quando foi deposta, viu o Príncipe se perpetuar no Poder Central, sem alterações da espinha dorsal do modelo.

Mesmo com o advento da República a estrutura dos amigos do Poder Central se perpetuou. Ideologias totalitárias apareceram e legitimaram os defensores do modelo, agora com o nome de Estado forte e desenvolvedor. Mas os adoradores do Estado totalitário tinham visões diversas: os comunistas defendiam tudo sob o jugo da classe trabalhadora representada por um grupo dominador e os fascistas permitiam pequena participação da iniciativa privada, desde que sob seu controle.

Assim adveio o governo militar em 1964 e, após o golpe de 1967, veio a escuridão. Estatais foram criadas, mais de 80% da economia ficou sob a dependência do Estado e as liberdades inexistiam.

O governo estabeleceu a burocracia sem controle, entregou poder a burocratas que aprenderam a gerar privilégios para si e para terceiros. O Estado se ampliou, os agentes do Estado se multiplicaram e a tradição brasileira de tolerância permitiu que a praga não tivesse repúdio.

Quando da redemocratização do país, a estrutura do Estado poderoso estava implantada e sua perdularidade demandou retirada da riqueza alheia com a compensação de mais liberdade. Tributos foram criados sem limites. O Estado não parou de se agigantar e sua improdutividade se espalhou por todos os municípios do país levando a corrupção junto.

É nesse momento que chegamos ao país de hoje, repleto de agentes do Estado se locupletando do sangue e do suor do povo que não sabe como dar um basta, já que esses espoliadores da sociedade não permitiram instrumentos de controle ao povo.

A Federação é uma piada de mal gosto. Apenas a União Federal pode legislar sobre direito civil e criminal. A representação do povo é outra ficção porque os votos não são igualitários: um congressista do um Estado representa 20 mil cidadãos e de outro mais de 500 mil. Mesmo a representação direta inexiste já que o eleito não sofre ameaça do eleitor insatisfeito que pode ser conquistado em qualquer rincão.

E é nesse ambiente de descontrole e inexistência de representação do povo que o Poder no Brasil é exercido.

Está na hora de mudarmos o modelo.

Vamos devolver o Poder ao Povo!

DESVENDANDO CUBA

Conheci um diplomata cubano na UCLA num evento sobre investimentos hoteleiros, em janeiro de 2001. Fui convidado a visitar Cuba, pois queriam atrair capitais brasileiros para seu programa de investimentos em hotelaria.

Dois meses depois lá estava eu hospedado no Hotel Nacional em Havana, com motorista à disposição, carro novo, Mercedes-Benz. Sendo acompanhado por um alto funcionário do Ministério de Turismo, com avião particular disponível para conhecer praias distantes como Cayo Coco e Cayo Guilhermo.

Ao final de três dias de visitas a praias maravilhosas reuni-me com o Ministro de Turismo cubano que me explicou a mágica de Cuba aportar 51% do capital para construção de um hotel sem colocar dinheiro.

Nos cinco minutos finais da reunião entra Raul Castro e se apresenta como idealizador do programa de investimentos em turismo. Bem- humorado me diz que brasileiros deveriam investir em Cuba porque é o lugar mais seguro do mundo e me induz a perguntar o porquê. Ele responde “porque no hay el riesgo de los comunistas tomarem el Poder”, e solta uma gargalhada.

Durante esses três dias fiz questão de trocar cartões de visitas com os gerentes dos hotéis e pude perguntar a alguns funcionários sobre salários, câmbio, qualidade de vida e liberdade. Depois que estava de volta ao Brasil recebi vários e-mails deles pedindo para eu enviar convites para eles estagiarem na minha empresa. Era a forma de fugir de lá.

A visão de Havana, um cortiço a céu aberto, somado à péssima qualidade de vida do povo, com acesso restrito à comida, a produtos de higiene pessoal e sem capacidade de estocar nada por ausência de refrigeradores, por exemplo, causou-me profunda tristeza.

Mas o que mais me marcou foi a declaração dos carregadores de malas nos hotéis. Todos advogados e médicos. Optaram por essas profissões por conta das gorjetas, escondidas do governo e trocadas no mercado negro. Gorjetas representavam mais de três vezes o salário base. Sem as gorjetas não dava para viver com um mínimo de dignidade, segundo eles.

Foi essa experiência que me levou a carregar minha família para conhecer Cuba em 2.013. Queria mostrar a meus filhos o Museu Vivo do Comunismo.

Ao chegar, minha bagagem ficou retida na imigração. Fui levado a uma sala para ser interrogado. Abri minha mala.

Lá estava o objeto tão procurado pela imigração cubana: um walkie-talkie. O que é isso? Respondi que minha esposa decidiu levar o aparelho para deixar com meus filhos. Aí poderíamos nos comunicar quando estivéssemos longe: um na praia e outro na piscina.

Tive que declarar o aparelho com número de série e tudo e mostrar os mesmos antes de sair do país. Afinal, poderia ser um instrumento de apoio às atividades de comunicação da oposição contra-revolucionária opressora. Tive que ouvir esse ridículo.

Como fomos em grupo, meus irmãos com filhos, éramos 12. Programamos uma van com motorista e guia turístico que falava português. Era uma senhora, esposa de um embaixador. Havia aprendido português quando o marido serviu em Angola.

Ela parecia ser uma pessoa vivida e aberta. Então perguntamos à guia sobre a vida em Cuba. Ela pediu para falarmos baixo porque o motorista deveria ser informante do Partido Comunista. Queríamos apenas saber se podíamos dar para camareiras e funcionários dos hotéis materiais de higiene pessoal que havíamos trazido: pastas de dente, escovas, sabonetes, shampoos, fio dental, essas coisas. A guia tomou um susto e pediu desesperadamente que déssemos tudo para ela. Meu Deus! Que desespero da esposa do embaixador por uma simples pasta de dente...

Visitamos Havana. Continuava um cortiço a céu aberto. Nenhuma nova construção, mesmo tendo-se passado doze anos de minha primeira visita. Triste. Muito triste.

Fomos à noite a um "comedor". Estabelecimento comercial de gastronomia explorado dentro da casa de uma família. Orientaram-nos no Hotel Meliá Cohiba qual o melhor "comedor" de Havana. Vieram nos buscar com carro BMW novo. Chegamos ao local e subimos três andares de escada. Conforme subíamos de piso avistávamos moradias pobres, com pessoas com rostos tristes e falando alto. Chegamos ao topo do edifício.

Jantamos na laje, literalmente. Comida horrível, mas o dono do estabelecimento estava orgulhoso pelo excelente trabalho. Quando fomos embora o dono do "comedor" dirigiu o carro BMW e exigiu uma paga pelo transporte. Tipo extorsão. Fingimos que éramos do Partido Comunista no Brasil e que conhecíamos muitos líderes cubanos. Pediu-nos desculpas. Declarou que tinha conseguido a licença para o "comedor" porque também era do Partido. Pessoas comuns não têm acesso a esses benefícios...

Meu irmão e meu cunhado são amantes de charuto. Visitamos uma fábrica famosa. O guia da fábrica fazia contrabando de charutos. Combinaram uma troca de sacolas na piscina do hotel. Parecia filme de James Bond. Só para comprar duas caixas de charutos!!!

E tudo isso em um cenário com propaganda da revolução cubana em todos os cantos... outdoors velhos em praças, nas ruas, nas vielas... uma propaganda bem opressora... há cinquenta anos oprimindo os cubanos...

Não preciso dizer que meus filhos voltaram com a certeza de que o socialismo não é o que qualquer ser humano decente deve considerar. Voltaram mais liberais e democratas, graças a Marx e a Fidel...

E existem brasileiros que defendem o socialismo sem sequer ler os livros da história e sem conhecer esses absurdos territórios tirânicos como Cuba.

E assim o Brasil continua sem rumo, com inconsequentes defendendo o socialismo, com tecnocratas se agarrando ao Poder e criando mais privilégios, com empresários irresponsáveis tentando fugir da competição pleiteando reserva de mercado e a sociedade sendo explorada para sustentar um Estado gordo, improdutivo, perdulário e corruptor.

Está na hora de mudarmos o modelo.

Vamos devolver o Poder ao Povo!

TRAPALHADAS OU DESPREZO

Durante meus 35 anos de vida profissional assisti a muitos erros cometidos por autoridades governamentais e agentes do Estado. Suas decisões impactaram negativamente a vida da sociedade trazendo sofrimento principalmente aos membros do setor privado.

Quando um Município cria política de incentivos a um setor econômico sem se preocupar com as consequências... Foi isso que ocorreu em Belo Horizonte e no Rio de Janeiro para incrementar a oferta hoteleira dessas cidades, com desculpas de que a Copa do Mundo de Futebol de 2014 e os Jogos Olímpicos de 2016 demandavam mais e melhores acomodações.

Incentivos de todos os tipos foram oferecidos, motivando a sociedade para apoiar essas iniciativas - sem alertá-la sobre os riscos desses investimentos, sem oferecer dados de seus conhecimentos sobre a expansão da oferta para os empreendedores. Um verdadeiro movimento “manada desbalanceou” esses mercados e milhares de investidores privados amargam enormes prejuízos.

Quando um agente do Ministério Público afobadamente oferece benefícios de “delação premiada” esquecendo-se das consequências... Foi isso que aconteceu com o Rodrigo Janot e os irmãos sertanejos bilionários, Batista.

A economia, que estava na maior recessão da História do Brasil, com a indicação de que teria condição de iniciar retomada, foi brutalmente afetada pelas ações da Procuradoria Geral da República. Bilhões de reais foram jogados no lixo e milhões de empregos continuaram inativos.

Quando um ente público beneficia seus agentes com generosos reajustes salariais e generosos benefícios... É isso que acontece, recorrentemente, em todos os cantos do Brasil. Nesse caso é dispensável um único exemplo. Enquanto os mais de 45 milhões de empreendedores contabilizaram diminuição nas suas capacidades de consumo em mais de 30% em 3 anos, Municípios e Estados criaram reajustes inimagináveis.

Por que tantos erros? É tudo trapalhada? Não. É desprezo.

Os agentes do Estado se esquecem de que toda a riqueza gerada pelo país é originária do setor privado, dos empreendedores, daqueles que geram desenvolvimento econômico-social.

Os agentes do Estado não entendem que o sustento da nação se dá através do suor e do sangue do povo trabalhador.

Os agentes do Estado não compreendem que o Estado não cria nada e que sua receita advém dos tributos pagos pela sociedade.

Os agentes do Estado desprezam a realidade e acreditam que a sociedade deve contribuir para que suas vidas sejam confortáveis e inabaláveis. Pior ainda, tomam como exemplo empresas corruptas, que agem para assaltar os cofres públicos, como se fossem exemplos do setor privado, como se todos fossem iguais.

Enquanto a sociedade não perceber que o problema não é a esquerda contra a direita, mas sim o Estado contra a sociedade, não haverá paz, liberdade e prosperidade.

Está na hora de mudarmos o modelo.

Vamos devolver o Poder ao Povo!

O EXEMPLO

Lamentos sobre a corrupção brasileira, sobre o comportamento dos políticos, sobre o assalto de maus feitores aos cofres públicos, sobre os privilégios dos agentes do Estado, sobre a parcialidade do Judiciário, sobre a perdulariedade dos governos, sobre como o Estado sufoca a sociedade... é voz corrente em todas as rodas de conversas entre pessoas de bem e com bom grau de compreensão da realidade.

Lamentos e mais lamentos...

Lamentos esperando por mudanças... Mas mudanças no comportamento social não acontecem milagrosamente. Como o filho imita o pai, como o aprendiz imita o mestre, é como as pessoas fazem. Basta exemplos para seguir.

O estacionar na vaga de idoso, o passar no sinal vermelho, o furar a fila, os pequenos delitos, são exemplos para os mais próximos que, um dia, irão repetir... seus exemplos.

Lutar contra o preconceito não se opera com armas contra os preconceituosos. Lutar contra o preconceito é tratar a todos iguais, é dar o exemplo para que outros sigam e, assim, o preconceito seja eliminado.

Não se obtém igualdade de direitos criando cotas, exigindo participação de pessoas por conta de sua cor de pele, de sua origem religiosa ou por conta de sua preferência sexual. A igualdade de direitos se opera tratando a todos iguais porque somos todos seres humanos. Porque viemos ao mundo da mesma forma, porque partiremos do mundo da mesma forma, e tratando a todos igualmente não haverá desigualdades de direitos.

É erro comum interpretar que a luta contra vícios se faz com o uso da força.

Nada mais impactante que o exemplo. Tomemos Jesus e Buda (Siddhartha Gautama) como exemplos. Viu? Exemplos! Apenas com palavras e ações impactaram a humanidade e mudaram o mundo.

Apenas para ilustração, Buddha significa "desperto" e é um título dado àqueles que despertaram plenamente para a verdadeira natureza dos fenômenos e se puseram a divulgar tal descoberta aos demais seres. Ou seja, é um título outorgado a quem é um exemplo.

Se o mundo foi mudado com e por exemplos, por que não mudar um país com exemplos?
Seja um exemplo!

Vamos devolver o Poder ao Povo!

EU MUDO DE CALÇADA

Já fui bom de briga. Não deixava passar nenhuma discussão. Onde houvesse um contraditório lá eu estava. Nem sempre para ser um ativo participante, mas para ouvir os argumentos.

Com o passar dos anos a experiência mostra quais as discussões que serão resolvidas rapidamente, quais não levarão a nada e quais não valem a pena sequer participar.

A discussão de ideias é sempre produtiva. Afinal, o conhecimento é vasto e impossível um único ser humano detê-lo. Participar de discussões é uma das formas de aquisição de conhecimento, dependendo de quem são os interlocutores.

É comum ignorantes acreditarem que suas parcas informações são suficientes para entender o mundo. É comum ver o ignorante erguer a voz, tentar desqualificar o interlocutor ou até agredir o outro.

Todo ser humano merece respeito, mas nem toda ideia merece ser debatida.

É sabido que 1 + 1 = 2. Não se discute um fato básico. Mas se há defensor do contrário, há um ser humano por trás da discussão necessitado de apoio.

Apoio também necessita o ser humano que defende erros maiores. Exemplo: a ineficiência do Estado é um fato comprovado pelo último século da História. Há quem defenda o Estado como agente ativo de mudanças na qualidade de executor das mais variadas atividades econômicas.

Os incautos e desconhecedores da História merecem atenção. Merecem que venhamos a investir nosso tempo para lhes contar um pouco do que se passou com vários povos. Mas os mal-intencionados não merecem um segundo sequer.

E muitos deles estão espalhados em todos os cantos. Os adoradores do Estado buscam criar conflitos para justificar que o Estado seja o mediador dos conflitos.

A melhor forma de evitar que os mal-intencionados atinjam suas metas é não lhes dar atenção. Sem discussão, não há conflitos.

É assim que cheguei à conclusão de que o bom de briga é o que cai fora.

Por isso eu mudo de calçada.

Vamos devolver o Poder ao Povo!

REPÚBLICA DAS VAIDADES OU DA VIRTUDE?

A vaidade tem movido os homens para decisões errôneas. Tido como o pior vícios, o pior dos pecados capitais, faz com que o ser humano se coloque no centro de tudo.

Vaidade é o desejo despertado no indivíduo para que suas "qualidades" sejam reconhecidas ou admiradas pelos outros. É a negação da humildade, do amor ao próximo, da procura ao bem comum.

Políticos e celebridades têm em comum o desejo de serem admirados seja pela beleza, pelo intelecto e/ou por habilidades profissionais. É natural do ser humano que suas qualidades sejam reconhecidas. Quem não gosta de ter um trabalho elogiado? Qual mulher, gênero enlaçado com a virtude da beleza, não gosta de ter suas vestes ou postura elogiada?

Mas a vaidade vai além do desejo ao agrado. A vaidade, como vício, retira a pessoa do equilíbrio emocional. Vaidade, egocentrismo e inveja andam juntas.

Como lidar com isso estando na vida pública? Como gerenciar as investidas de terceiros, interessados em tirar proveito do sucesso alheio? Inflar os egos das personalidades é o caminho mais usual. Tão usual que os vaidosos acreditam tratar-se de elogios merecidos, já que desejam ser admirados, celebrados, invejados, chegando a repudiar os que não lhes admiram.

O que se dirá quando há disputa de Poder?

O Brasil encontra-se em momento histórico sem igual. Ao longo do último centenário, forças políticas que viram no Estado o grande provedor da felicidade humana, brigam entre si alternando suas governanças como um pêndulo, cujo movimento gera instabilidade, destruição e desgraça. E quem sofre é o povo que é a origem do Poder e que deveria tê-lo exercido em seu nome para seu bem.

Mas não apenas os aprendizados dos últimos cem anos no Brasil trouxeram lições memoráveis; experiências de terceiros, de outros povos, de outras nações, jogam na cara da história que a prosperidade é consequência da defesa da vida, da liberdade e da propriedade.

A história registra que os povos evoluem na prosperidade e na felicidade quando a lei reflete os usos e costumes do povo, e não quando nascem do desejo de comportamento do povo por parte dos governantes. A lei deve ser apenas uma forma de aplicação da Justiça. A lei não cria felicidade, por mais que o legislador queira.

São esses eventos históricos e são essas as lições que hoje permitem ao Brasil dar um salto no futuro, retirar as amarras do passado e caminhar em direção ao desenvolvimento e bem-estar social.

Hoje o país está ansioso por uma grande mudança. O povo não aprova privilégios, rejeita o sufoco da burocracia sobre suas vidas e não tolera a corrupção deslavada e entranhada nos governos.

Há hoje uma oportunidade ímpar para se fazer uma reforma profunda no Estado.

Imediatamente alterando a Constituição Federal para efetiva proteção da vida, da liberdade e da propriedade. Permitindo que o Estado se desfaça e se afaste de atividades empresariais. Desburocratizando a vida dos particulares, reduzindo drasticamente não apenas o tamanho do Estado, profissionalizando o funcionalismo público, e diminuindo sua interferência na rotina popular.

Aprimorando mecanismos para que tarefas essenciais do Estado como saúde e educação possam ser executadas com eficiência e sem corrupção. E ainda, gerando condições para que o Brasil se torne um país próspero, um local bom para se viver e de se ter orgulho.

A alma do povo brasileiro é livre. O Brasil é a pátria do evangelho, como dizia Chico Xavier, para qualificar nosso povo bondoso, hospitaleiro, pacato, tolerante e virtuoso.

Mas será que os líderes nacionais terão capacidade de caminhar colocando o futuro do país, sua imediata reorganização, a vida do povo em primeiro lugar?

Cícero já dizia que a felicidade é consequência de vida virtuosa.

Será que nossos líderes políticos conseguirão se libertar do vício da vaidade, unirem-se em benefício do país e, quem sabe, virem a ser chamados de "Pais da Nação"?

A vida, a liberdade e o direito à prosperidade são dádivas do Criador.

Que o Brasil escolha o caminho da virtude.

Vamos devolver o Poder ao Povo!

DESIGUALDADE OU POBREZA?

É comum ouvir que o Brasil tem um grave problema de desigualdade. Que a distribuição de riquezas é injusta e que os ricos ficam, a cada dia, mais ricos.

Desigualdade é um fato divino, pois todos somos diferentes. Então quando desigualdade é injustiça? Será esse o problema principal? Seguramente não.

O problema principal é a fome, é a miséria, é a pobreza. E o combate a esse problema se faz mediante geração de riqueza. Se não houver geração de riquezas não há como sair da pobreza.

Mas é apenas um problema de repartição da riqueza, dizem os socialistas. Dar a quem não tem tirando de quem tem.

Onde está a virtude nisso? Expropriar bens e direitos de alguém é um ato com trajetória similar à do bumerangue. Inicialmente oferece-se algum conforto a quem recebe que, por não ter que fazer nada, permanece inerte apenas no aguardo da próxima benesse. O expropriado perde o interesse de produzir e de gerar riquezas, afinal ele não irá se beneficiar disso, pois será expropriado novamente e continuamente.

Bem, para qualquer um que conheceu um pouco da história recente da Venezuela sabe como esse ciclo funciona. É um círculo vicioso que leva à pobreza generalizada.

Ninguém sai da pobreza trazendo mais pessoas para a pobreza!

A História demonstra que o capitalismo não é um sistema perfeito, mas ele tem muitas virtudes, sendo a principal delas o prêmio da riqueza para quem participa de sua idealização, concepção e geração.

No passado, quando da revolução industrial, quando o mundo era pobre e os capitais eram caros e concentrados, muitos erros foram cometidos. Mas o ser humano vive em contínuo processo de evolução e os erros do passado servem para não serem repetidos.

O capitalismo então inaugurou várias virtudes: (i) comércio, trabalho honesto, ao invés de expropriação, (ii) coragem em empreender e correr riscos, (iii) justiça na aquisição de propriedade privada, (iv) quebra de privilégios, além da (v) temperança em poupar.

É a poupança popular que faz a roda do capitalismo girar, oferecer capitais a quem precisa empreender para gerar riquezas, empregos, desenvolvimento e mais riquezas...

Mas e a injustiça da desigualdade? A desigualdade é injusta quando as pessoas não têm as mesmas oportunidades, ou seja, educação, saúde, segurança e justiça. O Básico que o Estado deve prestar.

Que tipo de igualdade de oportunidades pode-se ter quando os profissionais não são tratados da mesma forma? Quando alguns têm vale paletó, vale moradia, vale creche, privilégios e mais privilégios?

Precisamos de igualdade de oportunidades porque as pessoas são diferentes. Nasceram diferentes, têm diferentes habilidades, pensam diferentes, têm digitais diferentes e cada um opta, graças à liberdade concedida pela Ordem Divina, por tomar um caminho distinto do outro.

Portanto, o problema da desigualdade está no privilégio e não na riqueza. O maior problema do país e do mundo é a pobreza.

Como eliminá-lo? Fazendo com que a liberdade seja a virtude basilar da sociedade e obrigando que o Estado se concentre nas suas funções básicas: educação, saúde, segurança e justiça.

Afinal, quem não tem competência para fazer o básico não merece fazer mais nada!

Vamos mudar o Brasil!

Vamos devolver o Poder ao Povo!

PARA QUE SERVE O ESTADO?

O Estado é uma criação do homem para que num dado território, um povo, sob governo constituído, possa exercer soberania e definir seu futuro.

A evolução da forma como os povos são governados marcou diversas facetas do Estado. Na Grécia a "Polis" e em Roma a "República" foram os embriões que inspiraram os filósofos a dar os contornos do conceito do Estado moderno.

Mas, de fato, o conceito de Estado está relacionado com a necessidade de um povo se proteger. Seja na organização de exércitos para se defender, seja para realizar tarefas que, sozinhos, os particulares não conseguiriam.

Construção de estradas, serviços de correios, manutenção de exército permanente, defesa da saúde em casos de epidemia são exemplos de atividades que o Estado deveria desempenhar em benefício de todos.
Ocorre que o mundo mudou.

Antes a população não tinha recursos suficientes para investir em infraestrutura. Hoje a poupança popular está reunida em fundos multibilionários que não apenas são profissionalmente geridos, mas com focos estabelecidos e capazes de impulsionar, com empreendedores, o que o Estado fazia de forma lenta, improdutiva, perdulária e indutiva à corrupção.

Se antes o Estado era obrigado a construir escolas, contratar professores, comprar merenda escolar e até material de limpeza para que a educação chegasse aos seus habitantes, hoje a iniciativa privada tem como fazer isso tudo de forma profissional, eficiente e muito melhor. Daí surge a ideia do Vale Educação.

Hoje qualquer empresa de logística ou de entregas consegue oferecer serviços melhores que os Correios.

Para que monopólio?

Se antes o Estado era obrigado a coletar o lixo produzido por residências, indústrias e estabelecimentos comerciais, hoje há condições de existir competição entre coletadores de lixo para que cada segmento escolha quem deseja contratar. Para que alimentar a máfia do lixo?

Com a mudança do mundo, chega-se à necessidade de entender o que sempre foi melhor para a sociedade: Liberdade!

Qualquer atividade na qual um particular possa realizar ambiente de competição não pode ser mais monopólio estatal.

Alimentar burocratas, tecnocratas e agentes do Estado à custa da ineficiência e corrupção é um ato de lesa pátria.

Vamos devolver o Poder ao Povo!

OS CULPADOS DOS JUROS ALTOS

O Estado brasileiro paga cerca de 50% do que arrecada apenas com amortização e juros da sua dívida. É um volume enorme e que cresce, continuamente, porque a taxa de juros tem sido maior que a taxa de expansão da economia.

Muitos atribuem aos rentistas a culpa dessa situação, como se a oportunidade de ganhos fáceis fosse criação desses atores do mundo financeiro que vivem de surfar nas ondas criadas por incompetentes. Outros culpam o Estado por ser o gigante devorador de recursos, já que o Estado é o maior perdulário de todos. Mas os verdadeiros culpados são os maus burocratas, os socialistas e os nacionalistas.

Pode até ser que eles não saibam que estão em aliança, que tramam junto contra a sociedade, que trafegam na mesma rota. Mas a verdade é que são jogadores do mesmo time que rema contra os interesses nacionais.

Juro alto genericamente é determinado pelo governo para reduzir a demanda, visando ao controle da inflação como forma de equilibrar oferta e demanda, pois não consegue gerar oferta de bens e serviços para atender à procura.

Graças à ausência de infraestrutura não se permite produção de mais bens e serviços. E não expandimos a infraestrutura graças à aliança entre maus burocratas, socialistas e nacionalistas.

É simples.

Há várias décadas, os políticos vêm inserindo na estrutura do Estado (governos federal, estaduais e municipais) profissionais de confiança e parentes inchando a máquina pública. Esses burocratas, tecnocratas, que servem apenas a seus senhores e que, por razões obscuras ou por puro desejo de poder, fazem o serviço público andar em velocidade de cágado. São os maus burocratas.

É, em parte, por culpa desses maus burocratas que, por vezes, se escondem nas vestes do interesse público licenciamentos, contratações e ações relacionadas a obras de infraestrutura.

E é por conta de ausência de infraestrutura que o país não consegue dar apoio aos empreendedores para ofertar mais bens e serviços à população. Fernando Henrique Cardoso, ex-presidente da República, conseguiu, você pode dizer. Claro! Abriu a importação e com isso equilibrou o mercado, mas o câmbio gritou e isso acabou. Foi temporário.

Mas são os maus burocratas os únicos responsáveis? Claro que não.

Sem infraestrutura, sem energia, sem rodovias, sem portos, sem ferrovias, sem água encanada, sem esgotos, sem iluminação, sem escolas, sem mão de obra preparada o Brasil quase sempre fica à beira do colapso. Os nacionalistas não admitem que infraestrutura seja executada com capitais estrangeiros ou por estrangeiros. Nos anos de ouro, durante a década de 70, por mais que houvesse canadenses, ingleses e norte-americanos interessados em nos ajudar a expandir nossa infraestrutura, o espírito nacionalista bradava pelas cores verde e amarela nas estradas. Assim, o Brasil endividou-se para construir, por exemplo, a Transamazônica. O Brasil endividou-se, endividou-se e tornou-se o maior tomador de recursos.

Os nacionalistas se apavoram com a ideia de que um chinês seja "dono" de uma usina hidrelétrica. Afinal, um dia o chinês pode querer colocar a usina embaixo do braço e ir embora, certo? Óbvio que não. É puro preconceito e incapacidade gerencial para ditar as regras da concessão e procedimentos de controle.

Os socialistas são contra. Para eles, apenas o Estado pode ser titular de infraestrutura. Mas como, se no Estado não há recursos nem para pagar aposentadorias?

Então a pequena infraestrutura que podemos adicionar fica limitada ao recurso estatal, geralmente oriundo do BNDES, entregue para ser gerenciado pelo empresário brasileiro preferido do momento, na velocidade em que os burocratas lhe permitirem.

Aí está a prova da aliança que pouco a pouco mata o Brasil.

É esse limitador que decreta ao Brasil perspectiva de comportamento pífio em sua economia. Voos de galinhas de vez em quando, aproveitando momentos de meios de produção ociosos -consequência da destruição econômica do passado recente. Mas, agora, são seguidos por momentos de elevação de juros para controle da inflação gerada por demanda que não encontra oferta de bens e serviços para satisfazê-la.

É chegado o momento de quebrar essa aliança que destrói os sonhos dos brasileiros, que vive do suor e do sangue do povo. Chega de socialistas, de nacionalistas e de burocratas inescrupulosos! Chegou a vez de patriotas amantes da Liberdade!

Atualmente há mais de US$ 15 trilhões de liquidez no mundo. Centenas de fundos bilionários procurando por oportunidades para frutificar, aspirando por negócios com demanda, em ambientes maduros, seguros e capazes de gerar mais negócios para que os lucros produzidos encontrem novas oportunidades.

O Brasil precisa de uma bolsa de infraestrutura, um ambiente digital onde todo Município, todo Estado Federado e a União listem os projetos que projetam realizar, permitindo a qualquer investidor, de qualquer origem, que dessa lista retire sua intenção e com seus recursos o realize e o gerencie.

Seguramente nascerá espaço para empresas brasileiras se organizarem, se aliarem a capitais não governamentais, de várias nacionalidades, e assim, ajudarem a expandir nossa infraestrutura. Mas nunca mais da forma que a Lava-Jato descobriu. Nunca mais com a interferência do Estado perdulário, improdutivo e corruptor.

A teoria da administração moderna ensina como planejar e controlar entregando a terceiros a função de executar. O Estado pode e deve planejar e controlar temas essenciais, mas não pode envolver recursos públicos para a execução e, muito menos, envolver-se na execução.

Crescendo a economia os juros podem diminuir, crescendo a economia a proporção de amortização e juros vão diminuir. Crescendo a economia vamos eliminar a pobreza e dar a todo brasileiro a oportunidade de ser feliz.

Não é dividindo a pobreza que o Brasil terá futuro. É gerando riqueza para eliminar a pobreza.

TURISMO, ESSE DESCONHECIDO

Turismo é uma indústria poderosa.

Responsável por 20% dos postos de trabalho criados na última década, segundo WTTC, tende a aumentar de importância com a revolução tecnológica dos dias de hoje. Afinal, se a revolução industrial substituiu o trabalho braçal, hoje, com automóveis autônomos e robôs, a ameaça paira sobre o trabalho intelectual ou cerebral.

O desafio então é, nesse ambiente, gerar riqueza, para eliminar a pobreza, e gerar empregos para dar oportunidades. Riqueza, com produtos de valor agregado; empregos, com o aumento da atividade econômica.

Mas, ao contrário dos governos petistas que tentaram vender o turismo de sol e praia no além-mar, estacionando em 6 milhões de turistas estrangeiros, o Brasil deveria oferecer o que tem de exclusivo.

Qual o problema de nossas praias? Nenhum. Apenas é uma guerra inglória. Como produto de demanda sensível a preço, o Brasil compete em desvantagem. Estamos distantes dos principais emissores mundiais, gerando maior custo de deslocamento, e o famoso Custo Brasil prejudica os empreendedores brasileiros com custos fixos maiores que os concorrentes.

Então vendemos praia para os mais próximos como os hermanos sulamericanos, e recebemos de braços abertos os europeus, norte-americanos e asiáticos que estabeleceram vínculos com o Brasil.

Entretanto é na Amazônia, Pantanal, nos Parques Naturais como Jericoacoara, Fernando de Noronha, Foz do Iguaçu e tantos outros que temos unicidade de produto. A promoção do Brasil sofisticado, exótico, único é que deve criar demanda com poder aquisitivo para enriquecer o povo, de todo o país. Afinal, não se atravessa o oceano apenas por pouco tempo, por isso gera oportunidade para mostrar cidades, praias, florestas.

É a atração de demanda qualificada permanente que contribui com o ingresso de recursos internacionais para ampliar nossa oferta de produtos e serviços turísticos. E para isso é necessário foco.

Não faz sentido que o Ministério do Turismo financie obras de infraestrutura. Afinal, não estamos em Cuba, que tem áreas destinadas exclusivamente a turistas estrangeiros. Lá pode-se chamar a infraestrutura de “turística”. Aqui é de uso de todos, indistintamente.

Assim, deve estar sob a responsabilidade de outra pasta. Igualmente o Turismo não deve ser gestor de Fundo para financiamentos. Quem entende de financiar atividades econômicas é quem deve cuidar disso.

Da mesma forma, qualificar mão de obra. O mercado deve cuidar das necessidades dele próprio. Aliás há muitos exemplos de organizações empresariais que investem parte considerável de seus orçamentos na formação e qualificação de seus colaboradores. Para isso há também as escolas no ensino médio, técnicas e universidades.

Alías, ainda que relevante para o país, Turismo não precisa ter status ministerial. Um grupo qualificado de profissionais com foco em vender o Brasil no exterior e na atração de investimentos é o que basta.

A missão do atual governo é diminuir seu tamanho e ser eficiente demonstrando compromisso com os recursos dos contribuintes. No âmbito do Turismo é dobrar o volume de turistas estrangeiros, trazer capital de risco e impulsionar a oferta de bens e serviços.

Para isso acontecer é essencial que a infraestrutura se amplie, que a criminalidade seja contida e que o Brasil seja bom destino turístico, isto é, que seja um bom local para se viver, assim será um bom lugar para se visitar. Um lugar seguro, limpo, civilizado, com serviços demandados pelo consumidor, seja ele turista ou não.

Então o Turismo deve estar em sintonia com o resto do governo. Para isso não pode ser objeto de barganha política como tem sido nas últimas duas décadas, agraciando pequenos partidos políticos para integrar a base parlamentar do governo. Pequenos partidos porque até hoje entenderam que o Turismo era de pequena importância. Ledo engano!

Os benefícios que o Turismo pode oferecer ao Brasil são muito grandes. Portanto, admitindo que teremos condições de oferecer tranquilidade ao turista, como trazê-lo ao Brasil além de ir ao encontro dos players em feiras tradicionais e convidá-los para "fan tours"? "Tryvertising"!

Oferecer uma experiência para que o potencial visitante tenha interesse em conhecer o Brasil. Como? Utilizando da tecnologia no local onde nosso potencial cliente está. Que tal usar os maiores aeroportos do mundo?

Pense no alemão que espera algumas horas por um voo no aeroporto de Frankfurt. Imagine-o entrando em um oásis, no próprio aeroporto, permitindo-lhe, com realidade virtual, vivenciar o carnaval carioca ou o baiano ou o pernambucano?

E o passageiro em Atlanta vivenciando um passeio no Pantanal, tudo em realidade virtual? Ou no grande hub de Dubai permitindo ao visitante tomar parte de uma festividade de índios na Amazônia? Ou o californiano em LAX, Los Angeles, participando de uma grande revoada de pássaros exóticos na Floresta de Carajás? Ou o usuário do aeroporto de Amsterdã tendo a sensação de um "bungee-jump" nas Cataratas do Iguaçu?

As possibilidades são infinitas e o Brasil merece a chance de se destacar do comum, de oferecer seus bens com valor agregado, de gerar riqueza e desenvolvimento para seu povo e, tudo isso, com a indústria da paz, da integração humana, valorizando nossa natureza.

Mas é preciso ter foco e comprometimento.

O povo brasileiro elegeu um novo governo para mudar. Não faz sentido criar missões empresariais que são presenciadas pelos amigos de sempre dos consulados ou de parlamentares que criam comissões para acompanhá-las e sequer participam delas deliciando-se em New York e outras paragens...

Não faz mais sentido criar eventos em locais discutíveis, para atrair investimentos, se já há conferências internacionais e feiras especializadas. Necessário metas e persegui-las, como se faz na iniciativa privada.

O governo brasileiro precisa de foco, conhecimento e dedicação.

LIBERDADE ECONÔMICA

A História mostra que, em todo o mundo, quando há livre mercado, há geração de riqueza. Quanto menor a burocracia, mais fácil fazer negócios e mais rapidamente se cria riqueza.

A mesma História ensina que exageros causam malefícios como eliminação da concorrência e inibição do livre mercado.

Então coube ao Estado colocar limites à sanha predatória dos dominadores de mercado para regrar a concorrência com o objetivo de preservar mercado livre e saudável.

Nessa jornada, os que desejam dominar mercados e eliminar concorrência, permanecem fiéis a seus objetivos usando das regras vigentes do Estado Democrático. Através de atividades influenciadoras do processo legislativo esses atores continuam a perseguir reservas de mercado e privilégios.

Sob diversas argumentações, geralmente usando o interesse público como ferramenta, procuram criar leis e atos do Poder Executivo que atendam a seus interesses. Recordo-me que na década de oitenta, eu vi nascer o Pro-Álcool, programa governamental que visava dar ao

Brasil menor dependência do petróleo, além de gerar um negócio sustentável, de produção nacional e com geração de emprego e renda.

As empresas automobilísticas passaram a produzir "carros a álcool". No início também vinham com um pequeno tanque de gasolina, para ajudar na ignição. Posteriormente a tecnologia se desenvolveu e abandonou-se a gasolina como apoio.

Mas o que me mais me chamava a atenção era o porquê as usinas deveriam vender apenas para distribuidores de combustíveis que, por sua vez, deveriam entregar aos postos de combustíveis para venda ao consumidor final. Estava ainda na faculdade de Direito, logo no início, e quando perguntava as respostas que recebia estavam relacionadas à segurança na venda do produto, já que era inflamável.

Mas o alambique que produz cachaça não é álcool e igualmente inflamável? Por que há alambiques em todos os cantos do país?

Isso sempre ficou em minha cabeça. Até que resolvi escrever sobre isso.

Na verdade, há dias eu estava em Ribeirão Preto a trabalho e vi que o custo do álcool era mais caro que em São Paulo. Ué? Mas há muitas usinas na região de Ribeirão Preto! O preço do produto deveria ser menor!

Mas aí descobri que a produção local segue para distribuidores, em Paulínia, por exemplo, que transportam de volta para os postos de combustíveis de Ribeirão Preto.

Isso não faz sentido! Estamos no século XXI! A desintermediação de todas as atividades é a regra vigente. Por que a Usina não pode vender na sua porta como uma fábrica de sapatos oferece seu produto ao consumidor final com uma lojinha na sua frente? Por que a Usina não pode vender diretamente aos postos de combustíveis?

Mais ainda! Por que um fazendeiro não pode cultivar um pouco de cana para produzir combustível para usar na fazenda da mesma forma que o esterco produzido por seus animais são utilizados nas plantações?

Isso criaria um negócio de produção de micro usinas. Reduziria o custo de produção e aumentaria investimentos no setor com maior geração de riquezas.

Por consequência, maior qualidade de vida a todos os envolvidos.

É possível que as regras que criaram essas reservas de mercado e privilégios para distribuidores e produtores de álcool até tenham sido elaboradas com boa fé pelos agentes do Estado. Mas mantê-las, nos dias de hoje, é um atentado à Liberdade que o povo brasileiro deseja. O brasileiro é empreendedor por excelência. É só tirar o Estado de suas costas que esse país voa no crescimento econômico e surfa na prosperidade!

Vamos devolver o Poder ao Povo!

A CULPA É DO CABRAL?

O brasileiro sempre foi criativo e com bom humor, sabendo se divertir com sua própria desgraça. O programa de comédia intitulado "A Culpa é do Cabral" é mais um exemplo disso.

Mas a culpa é do Cabral?

Pedro Álvares Cabral descobriu o Brasil em 22 de abril de 1.500. Um enorme território cheio de vida, com energia, água, excelente clima e alimentos à vontade. Mas bastante longe da Europa. Tão distante que, se não fosse Napoleão invadir Portugal e forçar a Rainha, o Príncipe Regente e toda a Corte a fugirem de Portugal em 29 de novembro de 1807, escoltados pela marinha britânica, pouco o Brasil teria se desenvolvido.

Dizem que Napoleão relatou que o único governante que o enganou foi o Príncipe Regente Dom João. Enquanto negociava a rendição a família real portuguesa preparava os navios para fugir.

Foi assim que se estabeleceram no Brasil e transferiram a capital do Reino de Portugal para o Rio de Janeiro. Uma vez estabelecidos no Brasil, vários atos foram tomados como a abertura dos portos às nações amigas, elevação do Estado do Brasil à condição de Reino Unido à Portugal e Algarves, criação do Banco do Brasil, criação da Imprensa Régia, da Academia Real Militar, abertura de escolas de medicina na Bahia e no Rio de Janeiro, dentre uma série de outras medidas que se deram ao longo dos anos.

O Brasil passou a ser a sede da Coroa que, para se alimentar, para alimentar toda a Corte, precisava de recursos somente coletáveis no Brasil, já que Portugal havia sido tomado por Napoleão Bonaparte.

Foi aí que a Coroa Portuguesa decidiu a sorte do Brasil em ser, definitivamente, uma colônia de exploração, pois, é claro, sempre houve o sonho de retorno a Lisboa.

Ainda que no final do século anterior homens de valor tentaram dar início a movimento pela independência do Brasil na antiga Ouro Preto, nas Minas Gerais; foi no século XIX que a nuvem negra da exploração passou a sobrevoar o país, ensinando os locais que os membros da Corte esperavam que a Coroa arrecadasse tributos para serem repartidos, de alguma forma, com ela.

Ser amigo do rei é uma expressão antiga e até hoje muitos dizem que preferem ou desejam ser amigo do rei. É uma alusão ao processo contínuo que a Corte se retroalimenta a partir do tesouro coletado pela Coroa, ou pelos privilégios cartoriais distribuídos e criados pela mesma Coroa.

O sentimento de que a expropriação alheia é aceita foi difundido aos quatro cantos. Entrou no DNA do povo.

Parece que nada mudou, certo?

A Coroa foi substituída pelo Estado. Os dirigentes do país hoje são chamados de políticos e os membros da Corte são os empresários eleitos, apadrinhados por reservas de mercado, cartórios, recursos subsidiados, e os altos funcionários públicos, notadamente os que integram os Poderes Legislativo e Judiciário.

E o desejo de expropriação alheia permanece, como o roubo da fiação da companhia telefônica, como o "gato" nas residências, como o estacionar na vaga não permitida, como o suborno ao guarda de trânsito (diga-se de passagem, aceito pela autoridade, como forma expropriatória).

Entendeu por que a Suprema Corte julga casuisticamente? Está no DNA do povo.

A culpa, portanto, não é do Cabral. Pode até ter sido de Napoleão, que empurrou Dom João ao Brasil, e sua estada unificou o país com a criação de entidades públicas, estradas, correios etc. Caso contrário, como ocorreu na parte hispânica da América, o Brasil teria se dividido em diversos países independentes.

Como mudar isso?

Basta retirar o Tesouro do Estado e devolvê-lo ao indivíduo que o gerou. Basta diminuir a casta de amigos do rei e eliminar cartórios, privilégios, reservas de mercado, subsídios... se o boi engorda com o olho do dono, vamos deixar o dinheiro com seus verdadeiros donos.

Vamos devolver o Poder ao Povo!

BRASIL, PAÍS DE COVARDES

No início foi a Coroa que se mudou para cá. Cercado por Napoleão o rei covarde português uniu sua Corte e fugiu para o Brasil entregando Portugal de bandeja para a França.

Assim nasceu a covardia brasileira.

Um rei covarde trouxe os membros da Corte que viviam de favores. Eram os amigos do rei. Recebiam licenças para o comércio e privilégios cartorários. Quem ficaria contra o rei? Como todo covarde ao ver seu poder ou imagem ameaçados ordenava a matança e degola.

Com base em favores, o Brasil foi erigido. Com base em covardes, que viviam de favores, a sociedade brasileira foi formada.

Tudo era ordenação real.

Baseado na teoria do direito divino, na qual o poder real era uma escolha divina, confundiam o rei com a divindade.

Como nem sempre de covardes o mundo é feito, com medo de heróis patriotas, o próprio colonizador colocou em sua cabeça a coroa e declarou a independência.

Monarquistas repetiram a covardia instituindo a República. À revelia do povo.

E sempre com a preservação da figura do Poder Central; inicialmente a Coroa, depois a faixa presidencial. Mas sempre com a manutenção do controle do comércio, dos atos individuais, sem a liberdade que poderia tornar o Brasil um país exemplar.

Nessa toada a República evoluiu.

Ao invés de descentralizar o poder, permitindo que em cada canto do país seus habitantes regrassem seus comportamentos com base em seus costumes, o Poder sempre foi centralizado com concessões, permissões, licenças e cartórios.

Independentemente de quem ocupava a cadeira presidencial o usual era o estabelecimento de legislação nacional, como se o manauara e o gaúcho pensassem igualmente. Ou o homem do sertão tivesse as mesmas necessidades do carioca.

Grupos políticos ainda brigam para impor suas formas de pensar. Qual o problema de deixar que cada um pense como queira? Qual o problema de respeitar a Liberdade alheia?

Quem não permite liberdade alheia é antes de tudo um covarde!

E tudo é reflexo do exercício covarde do Poder.

Na calada da noite membros do Judiciário tramam continuamente para criação de novos benefícios que ofendem sistematicamente a sociedade. Sob os raios solares e nas vistas de todos, sindicatos de funcionários públicos fazem lobby para ampliar benefícios e criar mais privilégios. E isso é contínuo há décadas! E a cada dia que passa a estrutura do Estado fica mais pesada, mais improdutiva, mais cara, mais onerosa para a sociedade.

Às claras, o sistema tributário é feito para oprimir os que empreendem e, com legislação complexa, fazer de presas fáceis os novos empreendedores impedindo que o talento do comércio beneficie a sociedade.

A olhos vistos, o sistema, que hoje emprega 11 milhões de pessoas, se protege contra a sociedade.

–

E como diz o ditado, de que o uso do cachimbo faz a boca torta, em todos os cantos é usual ver a acomodação e aceite da opressão.

Temos conceitos morais e éticos que nos estabelecem limites de ação. Os covardes não.

Mas não faz mais sentido continuarmos na rota de covardes.

Vamos devolver o Poder ao Povo!

BRASIL, PAÍS DESIGUAL

A Revolução Francesa foi um marco na História. O lema Liberdade, Igualdade e Fraternidade revelava o estágio de desenvolvimento da sociedade ocidental. Era a valorização do direito de livre pensar, de livremente professar sua religião e de conviver com livre mercado. Era o reconhecimento de que todos nascem iguais e merecem ter os mesmos direitos, sem distinção de raça, religião, profissão ou sexo. Era a manifestação do desejo de que as pessoas pudessem se tratar fraternalmente, ajudando uns aos outros.

Desde então, o mundo ocidental se rendeu à percepção de que esse lema representa o básico de uma sociedade justa e humanitária.

Mas o Brasil não é assim.

O Brasil não conseguiu eliminar a desigualdade.

Na verdade, com a ansiedade de obtenção de privilégios individuais, herança deixada pela Coroa Portuguesa que controlou a sociedade com licenças, concessões, cartórios e privilégios, alguns se organizaram em grupos e, ainda que de forma legítima, transformaram a estrutura estatal e legal brasileira em um grande remendo. Um injusto remendo.

O Brasil dividiu a sociedade em três classes sociais.

A primeira classe, a dos privilegiados, é formada pelos que não precisam prestar contas de nada a ninguém, recebem altos salários, privilégios ou penduricalhos aos montes. A lei não lhes alcança ou quando chega perto, são aposentados com os mesmos vencimentos e benefícios, pagos pela sociedade, sem quase nada produzirem a favor dela. São os altos funcionários públicos, grande parte de membros do Poder Judiciário, políticos e agentes do Estado aposentados.

A segunda classe, por incrível que pareça, é a dos desfavorecidos. São favelados, trabalham nas ruas, não têm educação e saúde adequadas, nem habitação e transporte dignos, mas podem construir em áreas protegidas, invadir manguezais, destruir a mata atlântica, se estabelecerem em propriedades alheias, fazer "gatos" de energia, roubar sinais de tv a cabo e, quando presos por infringir a lei, são usualmente defendidos pela estrutura do Estado que trabalha diuturnamente para lhes jogar nas ruas de volta num ciclo nunca interrompido.

A terceira classe, e a mais sofredora, é a do cidadão geralmente de classe média, ou cidadão comum. Aquele que se esforçou para estudar, para ter uma carreira profissional, para constituir família, para ensinar o que é certo e o que é errado a seus filhos, para passar adiante os valores éticos e morais que receberam de seus antepassados, desejosos de uma sociedade harmoniosa e justa. É a classe dos que teimam em empreender, em gerar desenvolvimento. São os que geram postos de trabalho para os membros da segunda classe. São os que pagam os tributos ao Estado que remunera e delicia os membros da primeira classe.

São chamados de gananciosos pelos membros da primeira classe. São chicoteados nos tribunais. São pisoteados pelo Tesouro Nacional e, principalmente, por seus agentes. São responsabilizados pela desigualdade no país porque alguns ficam muito ricos.

Mas a desigualdade não se refere aos direitos de cidadão independentemente de raça, profissão, religião, sexo ou qualquer outro traço que o distinga dos outros?

A igualdade de direitos não deveria estar baseada na oferta igualitária de segurança, justiça, educação e serviço de saúde?

Enquanto tivermos o Estado tributando de forma complexa a sociedade que produz, esmagando com seu poder de polícia os que tentam empreender e gerando privilégios incontáveis e socialmente injustos a seus agentes; enquanto tivermos o Estado atuando onde não deve atuar e decepcionando onde deveria estar, o Brasil continuará desigual.

Estado que não consegue entregar o básico a seus cidadãos, como Justiça, Segurança, Educação e Saúde, não merece fazer mais nada.

Eliminar a desigualdade começa na retirada de benefícios e privilégios dos cidadãos de primeira classe e oferta de direitos essenciais aos membros da segunda classe para que todos possam conviver em liberdade e em harmonia.

Está na hora de limpar a Constituição Federal e jogar o lixo no lixo.

Vamos devolver o Poder ao Povo!

LIÇÕES DA PANDEMIA

Completamos um ano de pandemia.

No início era preocupação e dúvida. Afinal, poderia ser repetição da SARS, uma gripe chinesa que foi logo enfrentada pela descoberta da eficácia de remédios existentes.

Mas com o passar do tempo percebeu-se que Covid-19 era algo novo. E como tudo que é novo, provoca receios, dúvidas e medos.

Os ensinamentos tirados de outros países, como Itália, que teve surto maior e anterior ao Brasil, indicava que a contaminação poderia ser alta e o sistema de saúde poderia não dar conta. Então, a meta era controlar a curva de contaminação para que os hospitais pudessem receber os doentes e tratar deles.

Reduzindo-se a circulação de pessoas, criando-se distanciamento entre as pessoas, diminuía-se a possibilidade de circulação do vírus e de sua contaminação.

As pessoas ficaram em casa. O trabalho remoto, o famoso home office ganhou popularidade. Empresas descobriram ineficiências e as cortaram imediatamente em nome da sobrevivência. Então pessoas perderam emprego, donos de imóveis foram obrigados a renegociar seus contratos de locação sob o risco de perda do inquilino, restaurantes tiverem seus movimentos drasticamente reduzidos, assim como o comércio de rua.

O comércio eletrônico ganhou impulso. Empresas que vendiam on line encontraram alguma salvação. As que trabalhavam apenas on line cresceram mais do que imaginavam. Médicos passaram a trabalhar remotamente e a economizar com estruturas físicas. Consultores de empresas aumentaram suas eficiências sem ter de perder tempo em deslocamentos e viagens, já que as reuniões eram virtuais e maior o número de clientes passaram a ser atendidos.

Como se diz, a tristeza de uns convive com a alegria de outros.

Pena das crianças em idade de pré-escolar. Sem interação com outras crianças terão atraso em seu desenvolvimento individual. Pena dos estudantes em intercâmbio, pois perderam a oportunidade de estudar em outros lugares e de conhecer outros povos. Pena dos estudantes em geral...

Pena dos donos de hotéis que tiveram que fechar seus estabelecimentos, mas bancando altos custos fixos. Pena das companhias aéreas que foram obrigadas a demitir milhares de funcionários. Pena de todos que participam da cadeia do turismo.

Mas pena mesmo é do povo.

As autoridades, ao invés de ampliar o sistema de saúde, aumentar leitos de UTI, manter hospitais de campanha, espaçar a circulação em locais de grande concentração como shopping centers, aumentaram os horários de funcionamento e tampouco correram atrás de possíveis vacinas em testes pelo mundo, fizeram tudo ao contrário.

Gastaram dinheiro sem licitação sob a rubrica de emergência com construção de hospitais de campanha por poucos meses, com a compra de respiradores por preços astronômicos, incluindo até lojas de vinho como intermediários!!!

Para piorar, instauraram o medo na população alegando possibilidade de estrangulamento do sistema de saúde (esse mesmo que não fizeram nada para ampliar!).

Trancaram as pessoas em casa. Impediram-nas de trabalhar. Impediram-nas de se sustentar.

Por culpa deles próprios, pois foram e ainda são incapazes de estender sistema de saúde, de permitir que os infectados sejam tratados, de efetivamente cuidar da saúde pública.

Mais uma vez fica claro que grupos querem tomar o Poder para usufruir dele. E, sempre que possível, assaltar o Tesouro sob qualquer alegação.

Choro mentiroso frente às câmeras de televisão num dia, e no outro assistindo ao jogo de futebol no estádio, ou viajando para fora do país, ou até dando festas em casa! Tudo com a arrogância do usufruto do poder.

Por isso que o Estado deve ser reduzido. Quem não consegue prover do básico como segurança, defesa, justiça, educação e saúde, não merece cuidar de mais nada! Se o Estado tiver menos dinheiro, menor será o ímpeto do assalto aos cofres públicos e menor o interesse de pilantras para ocupar postos que deveriam ser ocupados por patriotas com espírito voluntarista.

Vamos devolver o Poder ao Povo!

A SOCIAL-DEMOCRACIA

Social-Democracia é uma ideologia política que tem encontrado muitos seguidores por conta da mensagem que soa bem aos ouvidos humanos, já que tanto democracia quanto cuidado com o social trazem percepções positivas.

Mas você sabe verdadeiramente o que está por trás dessa filosofia?

Diz-se social-democracia a ideologia política que prevê intervenções estatais tanto no campo econômico quanto no social com o objetivo de prover justiça social ou Estado de Bem-estar.

Alguns se referem à social-democracia também como socialismo democrático. A razão disso é que no final do século XIX surgiu na França uma corrente política que admitia atingir o socialismo sem uma revolução. Seu líder era Ferdinand Lassalle.

Deu-se antes da revolução russa. Os marxistas russos se dividiam entre Bolcheviques e Mancheviques. Os últimos pregavam transição ao socialismo sem violência e de forma gradual.

As raízes dos mencheviques estão na Sociedade Fabiana, fundada em Londres na década de oitenta do século XIX. Homenageava o general Quintus Fabius Maximus que viveu dois séculos antes de Cristo. Usava estratégia em ações militares pontuais. Apenas naquelas em que ele tinha certeza da vitória definitiva, mesmo que demorada.

Por isso Social-Democracia, Socialismo Democrático ou Socialismo Fabiano são sinônimos.

Mas, de fato, o que significou e como interfere na vida das pessoas?

Após a Segunda Grande Guerra, a necessidade de reconstrução da Europa e de oferecer condições dignas de vida às pessoas fez com que a preocupação com o "Estado de Bem-estar" se elevasse e muito se exigiu do Estado.

A ideia era de que o mercado sozinho não conseguiria gerar os cuidados que as pessoas precisavam, já que o "homo economicus" era um ser ganancioso e que era capaz de apenas repetir a tragédia de 1.929, definida por muitos como o apogeu do capitalismo selvagem.

Muitos mantinham o conceito de que o mercado necessitava de intervenção do Estado que, em nome de todos, pudesse distribuir Justiça, Segurança, Educação e Saúde indistintamente.

Ocorre que a intervenção Estatal pregada pelos socialistas democráticos não se atinha ao campo econômico, mas também ao social, de forma que a imposição de comportamento representava também limitação da liberdade individual.

Como o ser humano adquiriu a necessidade de pertencimento ao seu grupo social desde quando percebeu que vivendo em coletividade poderia enfrentar os predadores e criar melhores condições de vida, e considerando que muitos povos europeus encarnam a importância do coletivo há vários séculos, essa ideia alcançou a simpatia da maioria.

Com base nessa crença em muitos países europeus a filosofia social-democrata cresceu.

E essa filosofia tem como base algumas premissas que nem sempre se mostram verdadeiras.

A começar pelo conceito de bom selvagem de Russeau: o homem também pode ser mau. Admitir que o Estado seria ético e entregaria, com eficiência, os serviços, bens e valores desejados pela sociedade, era de uma ingenuidade pecaminosa.

Não é sem outro motivo que essa tese encontrou guarida nas universidades, sendo que o professorado, geralmente formado por teóricos, eram chamados para o exercício dessa tarefa de entrega do "Bem-estar" ocupando cargos na estrutura do Estado.

Após várias décadas o que se observa é o inchaço do Estado, desmesurado número de cargos criados nas estruturas governamentais, custo gigantesco para sua manutenção, acarretando como consequência em altos tributos à sociedade produtiva.

Ou seja, o Socialismo Fabiano estagnou economias, diminuiu o interesse pelo empreendedorismo, limitou as ações individuais e, em países em desenvolvimento, como o Brasil, acorrentou nossas oportunidades tornando-as simples sonhos de verão.

Mas a História ensina que apenas o livre mercado gera riquezas, que liberdades individuais recriam, reciclam e inovam em benefício dos usuários e consumidores, bem como liberdades geram sociedades de benemerência e de fraternidade.

O Brasil nunca se desvencilhou dos cartórios, privilégios, reservas de mercado e benefícios desmesurados aos amigos do Rei no início e aos amigos do Estado depois. E, como em vários países europeus, criou elites ricamente pagas com recursos do Estado e formadas por agentes do Estado.

"A liberdade é um dos dons mais preciosos que o céu deu aos homens. Nada a iguala, nem os tesouros que a terra encerra no seu seio, nem os que o mar guarda nos seus abismos. Pela liberdade, tanto quanto pela honra, pode e deve aventurar-se a nossa vida", dizia Miguel de Cervantes.

Vamos devolver o Poder ao Povo!

O FUTURO DO CAPITALISMO LIBERAL

Capitalismo, de acordo com Karl Marx, é o sistema econômico fundado na propriedade privada dos meios de produção, na livre contratação de mão de obra remunerada e na decisão privada de trocas contribuindo para, dessa forma, ter formação de preços.

Como o sistema está baseado nos particulares serem donos dos bens e direitos que compõem as propriedades, há respeito pela livre troca deles ocasionando na criação de valores e preços estabelecidos pelo mercado, sendo este considerado o conjunto de mercadores ou dos que trocam seus pertences livremente.

Como há competição e liberdade de empreender há os que acumulam mais recursos e os que acumulam menos, gerando capitais em excesso que retornam ao sistema através de valoração do próprio capital, remunerando-o no caso de sua utilização por terceiros, ou seja, quando retorna ao sistema para geração de mais riqueza.

Nascido na Baixa Idade Média, quando os feudos passaram a adotar mão de obra remunerada e, quando houve o surgimento de mercadores e artesãos que ofereciam bens inexistentes nos feudos, o sistema de trocas livres foi o embrião do que hoje se denomina capitalismo.

De lá para cá muitas variantes foram observadas. Por conta da experimentação que a história revela, o capitalismo é o sistema que consegue gerar riquezas e, de fato, melhorou a vida das pessoas elevando seus padrões de vida com qualidade incomparáveis.

Teóricos defensores da imposição de comportamentos, usualmente seguidores de filósofos socialistas ou utilitaristas, demandaram a necessidade de intervenção do Estado no campo econômico reduzindo sua liberdade. Dessa forma criaram o capitalismo de bem-estar social. Há quem o defina como capitalismo social-democrata.

Outros, alegando a existência de deficiências e obstáculos que somente poderiam ser superados através de uma ação direta do Estado, criaram o capitalismo de Estado ou capitalismo político.
O fato é que nunca o planeta havia sido dominado por um sistema econômico quase onipresente. Seja através do capitalismo político, como adotado na China e em Cingapura, seja através do capitalismo social-democrata, fortemente presente na Europa, ou o capitalismo liberal meritocrático, que tem nos Estados Unidos da América e no Reino Unido bons

exemplos, esse sistema econômico está presente em quase todo o planeta pelo reconhecimento de que é o único sistema capaz de gerar riqueza e melhorar a qualidade da vida das pessoas.

Para quem duvida que a China se tornou um país capitalista basta comparar estatísticas. Em 1970 a totalidade das empresas era estatal. Hoje, passados 50 anos, apenas 20% delas são estatais. Ou seja, usando o conceito definido por Karl Marx, a China tem meios de produção majoritariamente privados, com relações trabalhistas livres e com preços formados pelo mercado. Assim sendo, o que diferencia as diversas formas de aplicação do capitalismo é o sistema político.

Na China, a Justiça não é independente. As leis são aplicadas de acordo com a conveniência dos governantes. Nesse caso, de um partido político único.

Por que a economia chinesa permanece em forte crescimento permanente? Graças à liberdade de empreender e aos pequenos obstáculos que a democracia cria. Pode-se fazer um paralelo ao período ditatorial no Brasil na década de setenta: forte expansão da infraestrutura sem discussão com a sociedade, liberdade de empreender, liberdade de contratar e limitação da atividade sindical.

Se o paralelo é correto, poder-se-ia admitir que o caminho traçado pelo Brasil seria percorrido pela China? Acredito que não. Porque a China faz o caminho inverso ao feito pelo Brasil. O Brasil cresceu devido a capitais que entraram no país como dívida e alimentaram estatais. Na China as estatais são cada vez mais reduzidas e os capitais que alimentam o sistema são majoritariamente privados e de risco.

Então seria possível admitir que a China, criando famílias com maior qualidade de vida, estaria caminhando na direção de sociedades com padrão de vida similares à europeia? Ainda é cedo para afirmar que um dia a classe média será maioria, mas é uma aposta interessante prever quando a classe média se tornar maioria se o sistema político tende a se afrouxar e rumar à democracia, mesmo tendo o povo chinês história milenar de dominação imperial.

Mas se a China vier a se tornar uma nação democrática ou não, é um importante exemplo de que os regimes socialistas que existiram no planeta foram passagens para o capitalismo. Haja visto, que as nações mais bem estruturadas, como as do leste europeu, conseguiram se converter ao capitalismo com maior rapidez.

Nações subdesenvolvidas como as africanas e as sul-americanas tem utilizado o socialismo como trampolim para o capitalismo, mas saindo de estruturas feudais ou quase feudais. Nesse sentido, é possível entender o motivo pelo qual vários líderes políticos das regiões norte e nordeste do Brasil se identificam com regimes populistas.

Entendido que o capitalismo é um sistema hegemônico e deve prevalecer no planeta de forma permanente, a questão é saber como uma nação democrática, que discute suas escolhas entre todos terá como competir com nações filiadas ao capitalismo político, que eliminam discussões e implantam sistemas de controle social e de limitação das liberdades individuais.
É, de fato, um tema relevante, pois a sociedade ocidental foi erigida tendo os ideais de liberdade como basilares.

O lema Liberdade, Igualdade e Fraternidade, espalhado mundo afora pela sociedade francesa, indica claramente o mais importante dos princípios colocando a Liberdade em primeiro lugar. E a democracia se baseia no governo do povo, pelo povo e para o povo com liberdade de expressão, com respeito ao próximo e com livre pensar.

É óbvio que a ausência de discussão social sobre seus rumos tem dado vantagem competitiva a países que eliminam esse direito e traçam, com maior rapidez, as ações de infraestrutura, que são, de fato, os motores do crescimento econômico e fomentador de novas ações dos empreendedores. Sendo inadmissível eliminar a democracia, a questão de como permitir que a infraestrutura cresça na mesma velocidade que em países ditatoriais deve ser respondida pela eficiência de mercado.

E como seria isso? Seria retirando do Estado os recursos financeiros para obras de infraestrutura viária, de saneamento básico e de todas que tivessem demanda suficiente para justificar o investimento financeiro. Mas mantendo o poder expropriatório para efeitos de implantação de novos equipamentos de infraestrutura.

Basicamente, os gestores de novos equipamentos de infraestrutura, os agentes do Estado, deveriam se tornar banqueiros de investimento. Significa dizer, permitir ao Estado planejar os novos equipamentos e competir com capitais privados para realização desses investimentos. Isso faria com que apenas as obras meritórias, ou seja, com demanda efetiva fossem realizados.

Adicionalmente levaria a eficiência do setor privado para dentro da esfera pública, porque o exemplo se espalharia e ajudaria a oxigenar os gabinetes e ambientes da burocracia, tão destruidores dos tributos pagos pelo setor privado.

A julgar pelo avanço da qualidade de vida nos países capitalistas sem democracia, pelo nível de geração de riqueza e pela eliminação paulatina da pobreza, o capitalismo liberal apenas conseguirá competir se a eficiência do setor privado contaminar o setor público, levando o mesmo tipo de bônus que o setor privado paga aos seus colaboradores ao setor público, sem diferenças. E isso trará maior conforto aos pagadores de impostos, pois saberão que cada vez mais recursos fluirão para seus bolsos, menos recursos irão para o Estado perdulário que, para prestação do serviço básico de infraestrutura, irá se modificar em benefício de todos.

Vamos devolver o Poder ao Povo!

AGENDA ÉTICA

AGENDA ÉTICA é o nome dado a um grupo de amigos que decidiu dedicar um final de semana, cada um dentro de sua especialidade, para criar documento com os princípios básicos dos temas que merecem orientar os destinos da sociedade brasileira.

É a revelação dos costumes e melhores práticas vivenciados pela sociedade brasileira, aliados ao conhecimento de especialistas.

É a essência do que deveria constar na Carta Magna brasileira.

É um guia para fazer a limpeza da atual Constituição Federal.

O documento, preparado por grupos temáticos, e sob a coordenação do Prof. Carvalhosa, do Prof. Pio Martins e do Prof. José Ernesto, foi lido em praça pública para conhecimento de todos e, através desta publicação, fica eternizado e disponibilizado à toda sociedade.

AGENDA ÉTICA

Sem Vaidade, Sem Egoismos, Pelo Brasil

Em 21 de abril às 9hs no Obelisco do Ibirapuera vamos dizer

O BRASIL QUE QUEREMOS

Nova República está moribunda. Precisamos reformar o Estado. Vamos mostrar as linhas mestras de uma nova Constituição.

Queremos país que valorize a vida, a liberdade e o direito à prosperidade, sem foro privilegiado, sem nenhum privilégio, onde todos sejam iguais perante a lei, com oportunidades similares e com liberdade para se associar, para empreender e para serem felizes, cada um à sua maneira.

LIBERDADE IGUALDADE FRATERNIDADE

Leitura do documento junto ao Obelisco do Ibirapuera em 21.04.2018. O local foi escolhido por representar o espírito paulista de demandar uma Constituição para o país.

O BRASIL QUE QUEREMOS

A NECESSIDADE DE UMA NOVA CONSTITUIÇÃO: A Carta Magna de 1988 foi fundada nos sentimentos adolescentes do povo brasileiro que exigiu direitos e se esquivou de obrigações, permitindo que os agentes do setor público se beneficiassem de suas posições de comando expropriando a sociedade em benefício próprio e dividindo atividades entre os entes públicos sem equivalentes adequados para suas execuções.

Legalizou-se a expropriação social com volume de tributos pressionando a sociedade em níveis nunca antes vistos na História brasileira. Promoveu-se a corrupção e instaurou-se a Cleptocacria.

A Constituição de 1988 tornou a vida da sociedade um caos, com a introdução de conceitos errôneos do Direito e de Justiça, invertendo valores essenciais e exigindo da sociedade que desse ao Estado mais do que poderia dar. O que chamaram de Constituição cidadã mostrou-se uma falácia que rouba os sonhos do povo e lhe sangra a alma. A sociedade mostra sua insatisfação e exige reafirmar sua soberania.

O povo deseja serviços públicos que sirvam à população, que todos sejam iguais perante a lei, que não haja privilégios a nenhum cidadão, sendo nula de pleno direito qualquer lei ou regra que crie benefício em causa própria.

O interesse público deve sempre prevalecer não havendo direito adquirido no setor público quando houver conflito de interesses com a sociedade. Extinção da estabilidade no serviço público, com exceção no Judiciário, Ministério Público, Exército e Polícia Judiciária, se faz mister.

Eliminação de todo e qualquer privilégio do setor público. Transparência plena de informação da gestão pública (Open Data) com adoção do regime de automação no serviço público (Big Data).

Deve-se admitir o Sistema de Declaração em Substituição ao regime de autorização prévia e preservar o interesse público em toda e qualquer obra pública com a introdução do Seguro Garantia (Performance Bond) são mudanças essenciais.

A Nova República morreu e com ela os planos de impingir à sociedade regras que não fazem parte de seus usos e costumes. Imperioso reformar drasticamente o Estado e essa obra se inicia por uma nova Carta Magna.

AS LINHAS MESTRAS DE UMA NOVA CONSTITUIÇAO E SUAS LEIS COMPLEMETARES

1. NATUREZA CONSTITUCIONAL
   a. A Carta Magna deve ser um Pacto Social a estabelecer os princípios que regem a sociedade brasileira. A lei não pode servir a grupos que desejam impor suas condutas e comportamento à sociedade. Deve ser Principiológica e Consuetudinária. A Lei Maior que deve ser interpretada por uma Corte, formada e eleita por magistrados, dedicada a zelar por seu império.

2. DIREITOS FUNDAMENTAIS
   a. Garantir a autonomia individual é dever do Estado. O Estado é um mal necessário que serve para organizar as atividades que os indivíduos, por sua vez, não podem ou não conseguem realizar isoladamente.
   b. É dever do Estado garantir o direito à vida, à liberdade, à propriedade e à busca da felicidade.
   c. O reconhecimento de que os indivíduos são diferentes entre si demanda a igualdade de todos perante a Lei, sem privilégios de qualquer sorte ou natureza.
   d. Liberdade de associação e livre mercado são

princípios de uma sociedade que aspira ser reflexo do Direito Natural. Partidos Políticos, Sindicatos, Associações de Classe, Clubes Esportivos e qualquer tipo de associação entre indivíduos, desde que com atividade lícita, será permitida e deverá viver com recursos próprios e de seus associados.

e. Para proteger a sociedade de desmandos, o Estado não poderá exercer nenhuma atividade comercial, empresarial ou mercantil, direta ou indiretamente.
f. Presunção de inocência é direito do indivíduo e se encerra com a decretação de sentença condenatória.
g. O direito adquirido somente é suscitável na esfera do direito privado. Não pode ser invocado no âmbito do Direito público, nem pelos servidores públicos e nunca pode se sobrepor ao interesse público.
h. O indivíduo deve ter o direito de contratar sua relação profissional da forma que melhor desejar, utilizando-se de leis civis para a contratação como alternativa à CLT.

3. SISTEMA POLÍTICO: FEDERALISMO

a. O Brasil é um país de extensões continentais. Seu povo, ainda que comungue de uma só língua, tem características distintas e costumes diversos. É necessário que cada povo possa colocar seus usos e costumes na lei para que possam fazer Justiça. Portanto, a Federação de Estados autônomos é o caminho para um Brasil pacífico.

b. Nesse sentido caberia a cada Estado autônomo legislar sobre direito civil, penal e tributário. A cada Estado caberia cuidar de seu povo a sua maneira e viver com recursos amealhados de seu povo, em seu território.
c. À União Federal caberia atividades de Relações Externas, Defesa Nacional, Segurança Pública Federal, aplicação da Justiça relacionada à defesa da Constituição Federal, Promoção da Integração Nacional e Redução de Desigualdades, limitando-se a dez ministérios.

4. SISTEMA DE GOVERNO FEDERAL: PARLAMENTARISMO
   a. Ainda que o Parlamentarismo seja sistema de governo encontrado em países unitários acredita-se que a Federação deva ser governada pelo sistema que exige uma maioria que, se inexistente, destitui o gabinete para que nova aliança, com maioria, governe.
   b. Nada impede que cada Estado autônomo tenha sistema de governo tipicamente presidencialista com a divisão clássica dos três poderes, mesmo sendo a União Federal organizada em sistema parlamentarista. Cabe a cada povo estabelecer suas regras individuais. Estados autônomos formarão a Federação.

5. SOBERANIA DO POVO
   a. O povo deve sempre ser a origem do Poder e o destinatário de seu exercício. Se alguns do povo

desejarem se organizar em associações políticas, chamadas de partidos políticos, que o façam por sua conta e risco, sem recursos públicos. Se um único cidadão desejar se colocar à disposição da sociedade para lhe representar, deve ter esse direito mediante candidatura independente, sendo que no âmbito municipal todos os candidatos devem ser independentes.

b. Voto deve ser distrital colocando o representante e o representado em permanente contato e a representação do povo deve ser sempre proporcional. Eleitos para cargos do Poder Executivo devem ser objeto de "recall" no meio do mandato.

c. Voto deve ser impresso, mesmo com urna eletrônica, e com fiscalização presencial do povo na apuração de cada urna. Ou seja, voto secreto, mas apuração pública.

d. Privilégios de toda sorte são execrados e seus defensores devem ser tratados como inimigos do povo. A Lei deve tratar a todos igualmente.

e. Acaba-se com Foro Privilegiado. Igualam-se todos direitos e obrigações de empregados dos setores público e privado. Apenas os membros das Forças Armadas, Justiça, Ministério Público e Polícia Judiciária recebem direito à estabilidade.

6. JUSTIÇA

a. Justiça é o pilar principal de uma sociedade próspera e equilibrada. Não há país civilizado sem Justiça rápida e eficiente.

b. LIBERDADE é o maior bem do indivíduo e a JUSTIÇA a preservará, bem como bens do indivíduo, tangíveis ou intangíveis.

c. Princípios que a devem reger são:

    i. Inafastabilidade da Jurisdição mediante invocação.

    ii. Direito à decisão justa;

    iii. Efetividade da decisão judicial;

    iv. Jurisdição como expressão da Soberania;

    v. Subsidiariedade;

d. A Justiça é direito do cidadão. Portanto, uma só. Extinguem-se a Justiça Federal e a Justiça do Trabalho. O Judiciário como expressão da Soberania é uno e indivisível.

e. Magistrados de Tribunais serão escolhidos por mérito, titulação e concurso. Os juízes do Supremo Tribunal Federal serão escolhidos em eleição entre os magistrados de segundo e terceiro graus.

f. O Conselho Nacional de Justiça é mantido com o papel de coadjuvar os Tribunais a bem cumprirem os objetivos constitucionais e os respectivos orçamentos otimizados para a prestação do serviço da Jurisdição.

g. Magistrado culpado por corrupção deve ter tratamento de crime hediondo. Todos os envolvidos em crime de corrupção devem ter tratamento de crime hediondo.

7. EDUCAÇÃO

a. Educação é um pilar basilar de uma sociedade civilizada. Permite ao indivíduo edificar-se. Portanto, deve ter autonomia do indivíduo e de decisão privada na educação básica e sobretudo na educação superior e profissionalizante. A criança deve ser considerada com um trinômio: alimentação, informação e amor. Alimentação para permitir sua formação cerebral, informação para criar um ser humano civilizado e amor para torná-la um ser amável. Só assim a criança tem capacidade de assimilar conhecimentos e pensar.

b. Considerando que o ser humano tem sua formação de conexões cerebrais durante o período da educação básica (2 a 6 anos) deve ser um compromisso coletivo disponibilizar creches e escolas nas regiões mais carentes para atender as necessidades da população e garantir a inclusão dos cidadãos na sociedade desde a infância, de forma integral, com 8 horas diárias, permitindo que cheguem ao ensino fundamental socializadas, alimentadas e preparadas para iniciar sua vida no sistema de ensino

c. Vale Educação ou Cheque Educação deve ser a principal ferramenta para realização de política pública de Ensinos Médio e Fundamental no país (em regime de 8 horas diárias de aulas). Política de compensação tributária pode ser acessória (dedutibilidade na declaração de Imposto de Renda).

d. O Estado não deve ser dono de escolas, empregador de professores, de merendeiros, comprador de materiais de limpeza, entre outros insumos consumidos em escolas, a não ser em casos excepcionais. Os recursos da Educação devem circular entre responsáveis pelos alunos, mediante recebimento de Vale Educação ou Cheque Educação, e as escolas, de forma que a perdularidade, improdutividade e corrupção características de operações do setor público inexistam. Fraudes com recursos públicos, como Vale Educação, devem ser considerados crimes hediondos.

e. Cabe aos responsáveis dos alunos escolherem a didática e linha educacional da escola para seus filhos. As escolas que, excepcionalmente, forem operadas pelo Estado, devem ser laicas, apartidárias e sem ideologias, admitindo-se o Ensino Doméstico mediante prova do concluinte.

f. As diretrizes gerais e básicas devem ser oferecidas pelo governo, diminuindo a intervenção e reforçando a fiscalização, inclusive da política de Ensino à distância.

8. SAÚDE

a. Saúde é responsabilidade compartilhada entre Estado e todos os cidadãos brasileiros.
b. A operação do sistema de assistência à saúde será feita por entidades privadas, de forma regionalizada e integrada, com fiscalização do Estado.
c. O Estado definirá os parâmetros mínimos de atenção, tanto na assistência quanto nas ações de prevenção, promoção e reabilitação.
d. O Estado executará, direta ou indiretamente, ações de educação em saúde, saneamento básico, prevenção, promoção e vigilância sanitária.
e. Nas ações de vigilância sanitária, o Estado regulará apenas riscos efetivos e graves à saúde pública.
f. O Estado definirá as prioridades da saúde pública e da vigilância sanitária e direcionará ações de acordo com as melhores práticas científicas, a melhor utilização dos recursos disponíveis e os melhores resultados para a saúde da população.
g. O Estado padronizará as informações em saúde, garantindo a interoperabilidade de sistemas e preservando a privacidade dos cidadãos.
h. O setor privado pode livremente operar serviços de saúde.

9. HABITAÇÃO E MEIO AMBIENTE

a. O sistema de autodeclaração passa a ser o modelo de relacionamento entre o particular e o Poder Público alterando-se a forma de licenciamento urbano e ambiental.

b. O Poder Público deverá, com rapidez, eficiência e em apoio ao empreendedorismo, informar as obrigações do particular perante algum específico projeto ou empreendimento, se for solicitado pelo particular, para efeitos da autodeclaração.
c. O direito de propriedade deve ter garantia plena;
d. Todas as medidas voltadas à preservação e conservação do meio ambiente devem indicar sua fonte de receita e necessariamente devem ter seu planejamento econômico-financeiro sustentável prévio.
e. O Estado deverá assegurar à nação a previsibilidade regulatória, a garantia dos contratos particulares e a segurança jurídica ao empreender.
f. Financiamento imobiliário público sem lastro econômico-financeiro deve ser proibido;
g. O consumidor não pode ser beneficiado com proteção que venha a criar prejuízo ao comerciante, se a relação for lícita e contratualmente completa.
h. Não é lícito ao Estado intervir na economia sob o pretexto de aplicação de políticas públicas voltadas à produção de moradias.
i. A legislação municipal/estadual/federal de uso e ocupação do solo deve orientar e incentivar a atividade imobiliária.

10. SISTEMA TRIBUTÁRIO

a. O sistema tributário brasileiro é um caos. Complexo, caro, ineficiente e desestimulador do empreendedorismo. Urge reduzir o número de tributos para poucos que possam ser contados em uma mão.

b. O sistema precisa ser simplificado. O empreendedor não pode dedicar muito tempo às obrigações impostas pelo Estado. É o Estado que deve apoiar os empreendedores para que usem de suas habilidades para gerar empregos, desenvolvimento econômico sustentável e inovar.
c. Tributos sobre faturamento, com exceção de imposto sobre vendas, devem ser impedidos.
d. Cada Estado autônomo e cada Municipalidade deve tributar seu povo e viver com seus recursos;
e. Isenções fiscais devem ser eliminadas por ser uma forma de expropriação inversa, outorgando privilégios.
f. Empreendedores devem ser apoiados e celebrados. Dentro de uma faixa razoável, redução de alíquota de imposto de Renda para empreendedores deve ser inversamente proporcional a sua geração de empregos, reduzindo a alíquota quanto maior o número de empregos gerados;
g. O Estado não deve ser o Grande Irmão que tudo sabe e tudo vê. Privacidade do indivíduo é regra geral desde os idos de João Sem Terra. Eliminação de informação patrimonial deve ser operada.
h. Investimento não deve ser tributado.
i. Exportação não pode ser tributada. Deve-se reduzir, inclusive, os tributos das empresas na proporção

da exportação no seu faturamento. Não faz sentido exportar IPTU, por exemplo.

11. SISTEMA FINANCEIRO E MERCADO DE CAPITAIS
   a. O sistema financeiro deve ser saudável e competitivo. Liberdade para a concorrência e constituição de novos bancos e instituições financeiras em geral deve ser princípio do sistema como forma de sua oxigenação constante.
   b. Imperioso que o Estado conduza ação anti-trust permanente visando proteger o livre mercado.
   c. A sociedade exige incentivo às FINTECHS, às cooperativas de crédito e a novos modelos de financiamento à produção, com regulação que não iniba a concorrência;
   d. Nenhum ente público pode ser dono de instituição financeira, nem ser ou tornar-se acionista sequer minoritário.
   e. O sistema deve eliminar conflitos entre bancos comerciais e de investimento não permitindo atuação de ambos, do mesmo grupo, numa mesma transação;
   f. Quarentena de dois anos para qualquer autoridade regulatória como a CVM, BACEN, SUSEP, etc.
   g. Pequena empresa deve ter acesso ao mercado de capitais sem que isso se torne ônus demasiado.
   h. O sistema de autodeclaração passa a ser o modelo de obtenção de licenciamento para acessar o mercado de capitais.

12. SISTEMA PREVIDENCIÁRIO
    a. Sistema único de previdência estatal para todos com teto máximo para todos, com limite baixo.
    b. Sistema igualitário, sem preconceitos e sem discriminação.
    c. Idade de aposentadoria: variável de acordo com a expectativa de vida e capacidade financeira do sistema.
    d. Sistema complementar optativo e voluntário.
    e. Sistema com governança regrando conflitos de interesses, reparação e indenização de investidores com transparência no limite de riscos de gestão.
    f. Assistência social: idosos e deficientes que não estão no sistema previdenciário se habilitam no valor do teto máximo previdenciário.
    g. Seguro-Desemprego: optativo com contribuição para fundo a ser gerido pela instituição financeira escolhida pelo contribuinte.

13. SEGURANÇA PÚBLICA
    a. O Estado brasileiro precisa ser inserido no modelo organizacional característico da sociedade de conhecimento.
    b. Somente por meio da incorporação do "princípio do big data" às atividades dos órgãos de segurança pública/órgãos de controle da administração pública será possível trazer eficiência ao respectivo enfrentamento. Princípio do amplo

compartilhamento de bases de dados dotadas de alto valor estratégico para a tomada de decisão eficiente por parte do gestor público.

c. Corrupção e o crime organizado representam riscos à soberania nacional e devem ser tratados com fortes penalidades.
d. A presunção de inocência se encerra com a decretação de culpa por parte de uma sentença condenatória. A sociedade deve ser protegida de maus elementos que, uma vez sentenciados, devem iniciar cumprimento de pena imediatamente.
e. Armamento: qualquer cidadão deve ter o direito de ser proprietário de arma de fogo sob condições estabelecidas em lei.
f. Indivíduos portando armas de guerra, como fuzis, devem ser tratados como terroristas.
g. Prisão de caráter perpétuo passa a ser aceita no ordenamento legal brasileiro e recusada a progressão da pena. Bom comportamento todo cidadão deve ter para não ter motivo de prisão.
h. Crimes contra a administração pública devem ser objeto de júri popular.
i. Presídios podem ser operados pela iniciativa privada com custo de cada preso sendo arcado pelo próprio preso com seu trabalho, durante encarceramento.

Preparação para o encontro dos grupos temáticos

GRUPOS TEMÁTICOS

Obs.: as fotos foram fornecidas por participantes do evento, todos voluntários, motivo pelo qual nem todos os grupos foram fotografados.

Participantes*: Antonio Coelho, Fernando Ulhoa Levy, Alethea Alves, Luiz Vicente Vicentin Aguilar, Luiz Felipe Costamilan, Paulo Bonadia, Beatriz Znidarsis, Rodrigo Amaral, Rodrigo Lara, Ana Paula Oliveira, Andrea Mustafa, Edna Uip, Antonio Tulio Severo Jr., Maria José Nascimento Correa, Nicolau Sarquis, Renato Dias, Alexandre Gama Pinheiro, Andre Martin, Antonio Carlos Franchini, Dennys Andrade, Davi Oliveira, José Paim de Andrade, Leonardo Tavares, Daniel Delabio, Leonardo Velloso, Leopoldo Penteado Butkiewicz, Luiz Eloy Oliveira, Marcelo de Mello Franco, Marcelo Saccioto, Leonardo Fiad, Thiago Santiago Neves, Jose Helton Diefenthäler, Jane Diefenthäler, Paulo Mathias, Julio Cesar Casarin, Liz Coli, Luiz G. Guerra, Rodrigo Ventin, Ricardo Salles, Ricardo Miozzo, Paulo Nascimento Correa, Tatiana Correa, Tamara Bertoldo, Erica Cristina Rocha Gorga, José Ernesto Marino Neto, José Pio Martins, Modesto Carvalhosa.

*Esta foto foi tirada no início do evento e alguns participantes chegaram em seguida. No entanto, todos os nomes dos participantes estão na relação acima.

Esse documento representa o pensamento médio do grupo identificado e não significa que todos os participantes dos questionários e discussões presenciais ocorridas em 24 e 25 de março de 2018 têm exatamente o mesmo pensamento. Diversidade de pensamentos e respeito à individualidade permitiu que se elaborasse o presente documento como obra coletiva.

VAMOS DEVOLVER O PODER AO POVO

O povo é soberano!

Não há quem possa se arvorar no direito de dizer o que o povo quer. Apenas ele tem essa prerrogativa: a de dizer o que pensa e o que deseja.

Será que o povo concorda com a liberdade, após apenas cinco anos de prisão, de um assassino confesso que esquartejou a vítima? Ou prefere a prisão perpétua? Casos similares no Brasil e no Reino Unido foram tratados assim, sendo o homicida brasileiro solto após cinco anos e o britânico condenado à reclusão permanente, até o fim da vida.

Concorda com os privilégios e benefícios dos políticos e dos altos funcionários públicos como muitos do Poder Judiciário? Juiz da Suprema Corte norte-americana tem o privilégio de uma vaga no estacionamento com uma plaquinha contendo seu nome, e só.

Será que o povo concorda que os políticos devem ser abastecidos com recursos provenientes de tributos, gerados pelo seu sangue e seu suor, para lhes sustentar as campanhas? Na maioria dos países civilizados partidos políticos são tratados como associações e mantidos por seus filiados apenas.

Qual deve ser a maioridade penal?

Devem os parlamentares determinar suas remunerações ou os representantes do povo devem ter seus ganhos definidos por quem? Pelo povo!

Deve ter carro oficial com motorista ou usar, como qualquer profissional, seu veículo para ir ao trabalho, caso não queira usar do transporte público? Na Suécia o primeiro-ministro se locomove com sua própria bicicleta.

O povo concorda em ter sistema tão complicado, complexo e com tantos tributos como o nosso? É fato que quanto mais simples o sistema, mais o empreendedorismo desponta e mais riquezas se criam e circulam.

Quem determinou que o Estado deveria ser tão custoso, ineficiente, esbanjador e corruptor? Será que um Estado que nada faz bem não deveria estar limitado ao básico como Defesa Nacional, Segurança, Justiça, Saúde e Educação?

O fato é que a Nova República morreu e a Constituição de 1988, chamada de Constituição "Cidadã", só fez criar mais injustiças.

Há cidadãos de primeira classe! E têm assentos nos três poderes compondo a verdadeira elite que não presta contas a ninguém e faz o que quer, quando quer e como quer.

Se um cidadão reclamar, é possível que tenha sua liberdade tolhida, sua casa invadida e seu nome seja jogado no rol dos culpados, mesmo sem ser ter o devidamente processo legal com ampla defesa. É o Establishment alinhado para chamar de democracia a desigualdade que lhe dá poder e controle sobre a sociedade.

A escuridão está imensa e a luz deve voltar a brilhar.

Há cinco séculos o território brasileiro é invadido por saqueadores, expropriadores do suor do povo. Seguidamente por grupos da elite que se arvoram em dizer que lhes representa.

Os grupos de elite se alternam no poder impondo suas ideias, gritando nas praças que seus atos são frutos do desejo do povo.

Está na hora de indagar o povo como deve ser a governança de seu país. Está na hora de limpar a nossa Carta Magna. Para ser cidadã, deve ser definida por quem é o verdadeiro soberano: o povo!

Instrumentos formais para isso existem e são amplamente utilizados por povos civilizados e democráticos. Chamam-se referendos e plebiscitos.

A lei deve refletir os usos e costumes do povo.
Simples assim.

Vamos devolver o Poder ao Povo!